基礎講座
建築構造力学

西村博之・辰井菜緒 著

B A S I C   L E C T U R E

学芸出版社

はじめに

　工業高校や大学のカリキュラムには、必ず構造力学があります。教科書を開くと、どのページにも数式が目につきます。大学の教科書においては、微分・積分の式が載っています。数学が苦手な人は、最初からあきらめてしまうのではないでしょうか。

　本書の特徴は、二つあります。一つ目は、数式の使用を極力少なくして図を使って問題を解決できること。二つ目は、ワークブックのような書き込み型なので授業の中で個人のノートを完成できることです。提出用のワークブックとしても活用できます。

　最近の学校の成績評価では、定期試験の点数だけでなく普段の平常点（ノート提出・授業態度など）も加味されることがあります。

　本書においては、主に建築の資格試験（二級建築士試験）の構造力学の問題が解けるようになることを目標として進めていきますが、発展編では、一級建築士試験構造力学の基礎づくりもできるようにしています。

●本書の進め方

　各章において、解説の文章は最低限に抑え、図解でわかりやすく説明していきます。各章の最初には問題解説、続いて例題解説があります。例題解説を見ながら、ヒントなしの例題を自分で解答していきます。

解説問題

① 基本ルール
（覚えるべきこと）
（守るべき約束事）

② ルーティーン ……………
（問題を解く順序）

例題-1

・補助線などのヒントを記入 ……… 💡

・使用すべき基本公式

・重要なポイント ……………… 👉

数式処理解説

数学が苦手な人のための解説 ……

例題-2

問題の難易度によって

ヒントがある場合と

ヒントのない問題がある。

メモ

・詳しいルーティーン解説

・知っておくと便利な知識 ……

目 次

1章　力とは　　7

2章　構造物　　21

3章　反力　　27

4章　片持ち梁の応力図　　43

5章　単純梁の応力図　　51

6章　ラーメンの応力図　　63

7章　特殊な構造物の応力図　83

力学において、数式なしで答えを導くことはできない。しかし本書においては、できるだけ最低限の数式処理に止め、図式（図解）で解説する。

最低限の数式処理とは、小学校高学年・中学校で習った内容である。数学が苦手な人の中には、これらの内容を忘れている人もいるかもしれない。

本書では、各問題の解説時に必要な数式処理の説明を随時詳しく行う。

▶二級建築士試験で必要な数式処理

・分数・通分・約分・直角三角形の 3 辺比（比例計算）・√の計算
・一次方程式（連立方程式）・三角形の面積（重心位置）・単位換算
・2 桁の掛け算、4 桁の割り算を筆算でできること

構造力学に必要な最低限の数式処理とは、どのようなものなのか実際に解いてみよう。

① $\dfrac{7}{12} + \dfrac{5}{4} =$

② $\dfrac{8}{5} \times \dfrac{3}{7} =$

③ $2\sqrt{3} \times 3\sqrt{3} =$

④ $8 \div \sqrt{2} =$

⑤ $10^3 \times 10^8 =$

⑥ $\dfrac{10^2 \times 10^7}{10^4 \times 10^3} =$

⑦ $3.65 \times 10^3 =$

⑧ $40000 \times 10^{-3} =$

⑨ $0.00234 = 2.34 \times 10^{\square}$ $\square =$

⑩ $\dfrac{4}{2/7} =$

⑪ $\dfrac{5}{4} \times P = -10$ $P =$

⑫ $6 \times P + 30 = 0$ $P =$

⑬ $\dfrac{A \times 6}{216} = 2$ $A =$

⑭ $\dfrac{A \times B}{C \times D} = E$ $C =$

▶直角三角形の3辺比

① 30°直角三角形

$\sqrt{3} \times 2\sqrt{3} = 6$

すべての辺が $2\sqrt{3}$ 倍

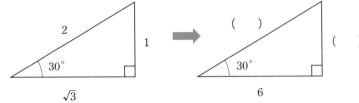

② 45°直角三角形

$1 \times \sqrt{2} = \sqrt{2}$

すべての辺が $\sqrt{2}$ 倍

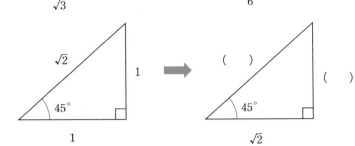

③ ピタゴラスの定理

直角三角形

$4 \times 3 = 12$

すべての辺が3倍

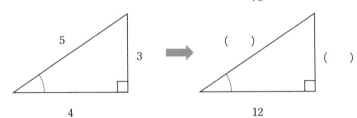

▶単位換算

①	1 m	=	cm	=	mm
②	1 kN	=	N		
③	1 kN/m	=	N/cm	=	N/mm
④	1 kN·m	=	N・cm	=	N・mm

▶比の計算

① $8 : 10 = 4 : \boxed{}$

② $7 : 13 = 21 : \boxed{}$

③ $A : B = C : \boxed{} \qquad \boxed{} =$

1章

力とは

1-1 力

構造力学の最終目標は、建物にかかる力を把握し、それらの力に対して建物が安全かを確認することにある。

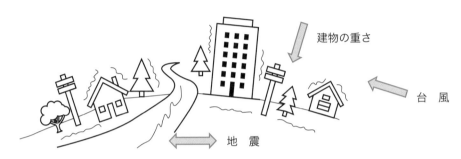

建物の重さ

台　風

地　震

力とは何か？

物理学における力の定義は質量と加速度の積となる。

$$F = ma$$

F は物体に働く力、m は物体の質量、a は物体の加速度を表す。私たちは日常、体重を聞かれたら、例えば 60 キロ（kg）と答えるが、これを物理学的に言うと 60 kg × 9.80665 m/s² ≒ 588 N の力を地面に与えていると考える。

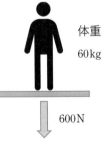

体重
60kg

600N

●力の単位

N（ニュートン）は、世界共通の単位（国際単位系）である。1N は 1kg の質量を持つ物体に 1 m/s² の加速度を生じさせる力である。

※ここは、深く考える必要はない。とにかく私たちが普段の感覚で言っている 60 kg は、それに約 10 を乗じた 600 N で表されると理解すればよい。

▶力の表現

力は、矢印で表現する。そのとき、力の大きさは、矢印の長さで、力の方向は矢印の向きで表され、力の作用点は矢印の始点となる。

100N

50N

1章

2章

3章

4章

5章

6章

7章

8章

9章

10章

11章

12章

13章

14章

15章

1-2 力のモーメント

下図においてレンチでナットを締めようとしたとき、ナットを回転させようとする力をモーメントという。

モーメント ＝ 力〔N〕× 距離〔m〕＝ N·m （ニュートンメートル）

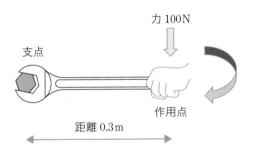

モーメント ＝ 100 N × 0.3 m
　　　　　　＝ 30 N·m（ ）

モーメントの符号

 時計回りを ⊕ とする。

 反時計回りを ⊖ とする。

▶モーメント計算のルーティーン

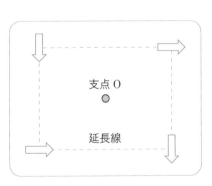

① 延長

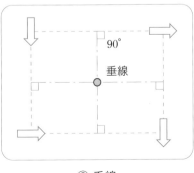

② 垂線

① 延長（力の作用線を延長する）

② 垂線（支点から延長線まで垂線を引く）

　90°

③ 移動（力を垂線まで移動する）

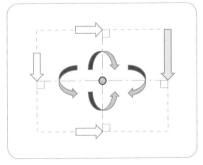

③ 移動

支点Oに釘を打って四角いパネルがどちら回りにいくらのモーメントで回転するか計算する。点O回りのモーメントの総和（M_O）を計算する。

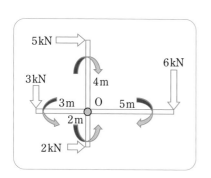

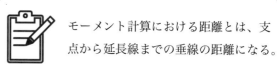

$$M_O = 5\,\text{kN} \times 4\,\text{m} + 6\,\text{kN} \times 5\,\text{m} - 2\,\text{kN} \times 2\,\text{m} - 3\,\text{kN} \times 3\,\text{m}$$

$$= 20 + 30 - 4 - 9 = 37\,\text{kN·m}\ (\curvearrowright)$$

モーメント計算における距離とは、支点から延長線までの垂線の距離になる。

例題 1.2.1 O点でのモーメントの合計を計算しよう。

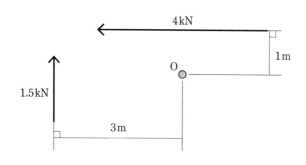

$M_O =$ _____（　　）

例題 1.2.2 O点でのモーメントの合計を計算しよう。

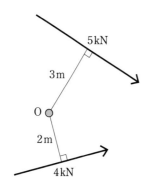

$M_O =$ _____（　　）

例題 1.2.3 A、B、C 各点でのモーメントの合計を計算しよう。

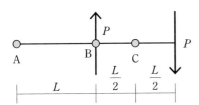

$M_A = \underline{\hspace{3cm}}$ (　)

$M_B = \underline{\hspace{3cm}}$ (　)

$M_C = \underline{\hspace{3cm}}$ (　)

例題 1.2.4 O 点でのモーメントの合計を計算しよう。

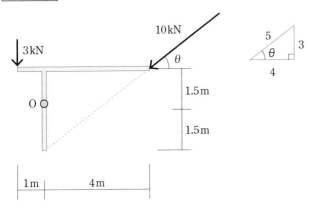

$M_O = \underline{\hspace{3cm}}$ (　)

例題 1.2.5 O 点でのモーメントの合計を計算しよう。

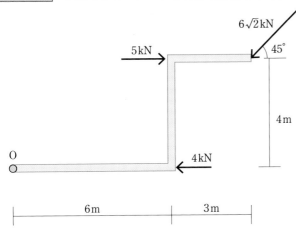

$M_O = \underline{\hspace{3cm}}$ (　)

1 章
2 章
3 章
4 章
5 章
6 章
7 章
8 章
9 章
10 章
11 章
12 章
13 章
14 章
15 章

1-3　1点に作用する力の合成と分解

▶力の合成（合力）

　一直線上に作用する力の2力は、単純に足し算をすれば求まる。

　二方向に作用した2力の合成は、力の三角形や力の平行四辺形から求める。

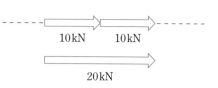

▶力の三角形（合力）のルーティーン

① 力の平行移動

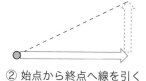
② 始点から終点へ線を引く

③ 合力完成

●力の平行四辺形も同様に求まる

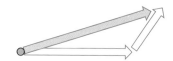

●力の分解（分力）のルーティーン　二方向に力を分解する場合も合成と同様の操作で求める。

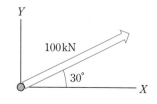

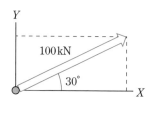

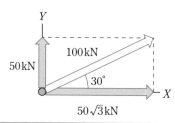

合力

① 分解するX軸、Y軸に平行な補助線を引く。
② 始点から補助線まで力の矢印を引く。
③ 直角三角形の3辺比に応じて力を分配する。

力の多角形
1点に3力以上が作用した場合も力の矢印をつなげれば合力が求まる。

例題 1.3.1 O 点に作用する合力 R を図式で求めなさい。

(図式) $1\,\mathrm{kN} = 0.5\,\mathrm{cm}$ とする。

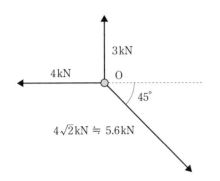

○ O

例題 1.3.2 力を X と Y 方向に分解せよ。

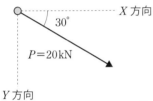

① $P_x =$ _____

$P_y =$ _____

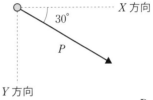

② $P_x =$ _____

$P_y =$ _____

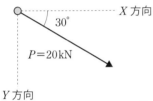

③ $P_x =$ _____

$P_y =$ _____

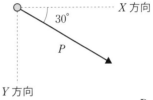

④ $P_x =$ _____

$P_y =$ _____

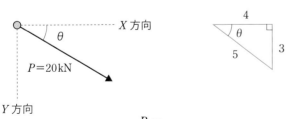

⑤ $P_x =$ _____

$P_y =$ _____

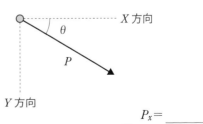

⑥ $P_x =$ _____

$P_y =$ _____

1 章
2 章
3 章
4 章
5 章
6 章
7 章
8 章
9 章
10 章
11 章
12 章
13 章
14 章
15 章

▶バリニオンの定理

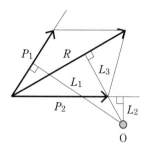

バリニオンの定理とは　合力のモーメント ＝ 分力のモーメントの合計

力 P_1 と P_2 の O 点に対するモーメントの和は、合力 R の O 点に対するモーメントに等しい。

$$P_1 \times L_1 + P_2 \times L_2 = R \times L_3$$

1 点に作用する力も平行に作用する力もバリニオンの定理が成り立つ。

1-4　平行に作用する力の合成と分解

平行に作用する力の 2 力の合力は、バリニオンの定理を使って求める。

▶平行に作用する力の合成（合力）

●力の合成（合力）のルーティーン

① 合力の計算

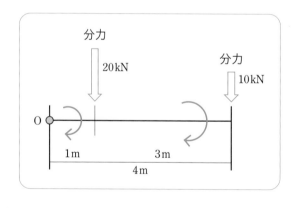

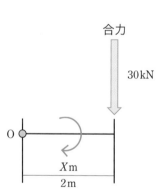

$20\,\text{kN}（↓）＋ 10\,\text{kN}（↓）＝ 30\,\text{kN}（↓）$

② 支点 O での分力のモーメントを計算

$$M_0 = 20\,\text{kN} \times 1\,\text{m} + 10\,\text{kN} \times 4\,\text{m} = 60\,\text{kN·m}（\curvearrowright）$$

③ 合力のモーメントの式は

$$M_0 = 30\,\text{kN} \times X\text{m}$$

④ バリニオンの定理から

$$M_0 = 30\,\text{kN} \times X\text{m} = 60\,\text{kN·m}$$

$X\text{m} = 2\,\text{m}$（支点 O から合力までの距離）

▶平行に作用する力の分解（分力）

力を平行な二本の作用線上の2力に分解する時もバリニオンの定理を使う。

40kN を A と B の作用線上に分解する。

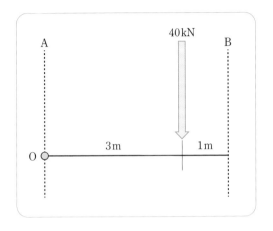
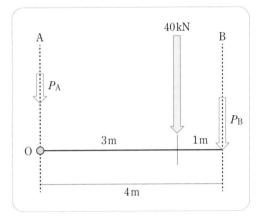

●力の分解（分力）のルーティーン

① 力のモーメントの式は

$$M_O = 40\,\text{kN} \times 3\,\text{m} = 120\,\text{kN·m} \quad (\,\circlearrowleft\,)$$

② 支点 O での分力のモーメントを計算

$$M_O = P_A\,[\text{kN}] \times 0\,\text{m} + P_B\,[\text{kN}] \times 4\,\text{m} = P_B\,[\text{kN}] \times 4\,\text{m}$$

③ バリニオンの定理から

$$M_O = P_B\,[\text{kN}] \times 4\,\text{m} = 120\,\text{kN·m} \qquad P_B = 30\,\text{kN} \quad (\,\downarrow\,)$$

④ $P_A + P_B = 40\,\text{kN}$ から $\quad P_A = 10\,\text{kN} \quad (\,\downarrow\,)$

分解する作用線上に支点 O を置くことがポイントとなる。
分力の一つ P_A が支点 O を通るためモーメントが 0 となり、
未知数が P_B 一つになって、簡単に求めることができる。

1章
2章
3章
4章
5章
6章
7章
8章
9章
10章
11章
12章
13章
14章
15章

例題 1.4.1 平行な複数の力の合力 R の大きさと O 点からの距離をバリニオンの定理を使って求めなさい。
④⑤ は、力を A と B の作用線上に分解しなさい。

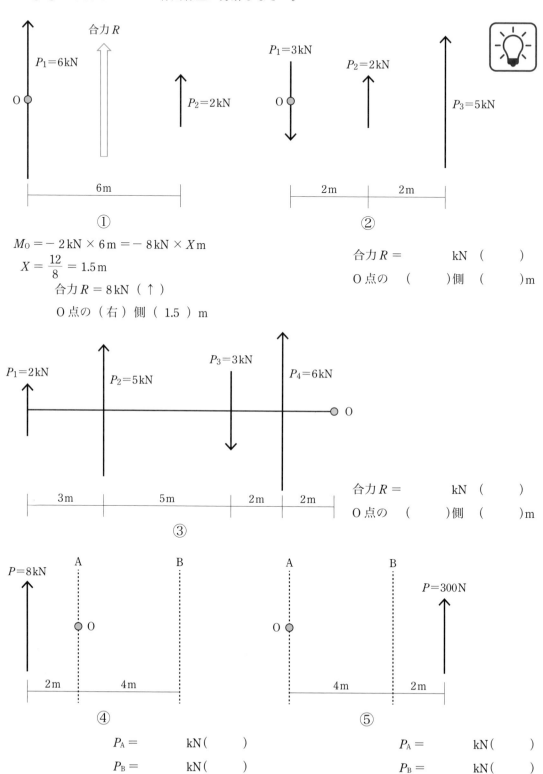

①

$M_0 = -2\,\text{kN} \times 6\,\text{m} = -8\,\text{kN} \times X\,\text{m}$

$X = \dfrac{12}{8} = 1.5\,\text{m}$

合力 $R = 8\,\text{kN}$ （ ↑ ）

O 点の（右）側（ 1.5 ）m

②

合力 $R =$ 　　　kN （　　）

O 点の　（　　）側（　　）m

③

合力 $R =$ 　　　kN （　　）

O 点の　（　　）側（　　）m

④

$P_A =$ 　　　kN（　　）

$P_B =$ 　　　kN（　　）

⑤

$P_A =$ 　　　kN（　　）

$P_B =$ 　　　kN（　　）

例題 1.4.2 等分布荷重の合力の大きさ R と作用位置を求めなさい。

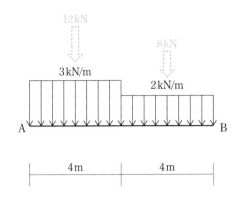

バリニオンの定理を使う。
等分布荷重については、**2-2** (p.23)、**3-1**（p.28）参照。

合力 $R =$ 　　　　kN　（　　　）

A 点の　　（　　　）側（　　　）m

例題 1.4.3 等変分布荷重の合力の大きさ R と作用位置を求めなさい。

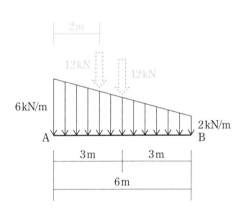

バリニオンの定理を使う。
等変分布荷重については、
2-2(p.23)、**3-1**(p.28) 参照。

合力 $R =$ 　　　　kN　（　　　）

A 点の　　（　　　）側（　　　）m

例題 1.4.4 等分布荷重を平行な 2 軸 A・B 上の 2 力に分解せよ。

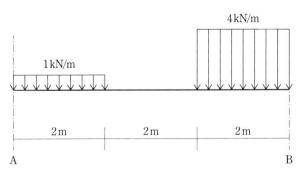

バリニオンの定理を使う。

A ラインに分解した力の大きさ＝　　　　kN　（　　）

B ラインに分解した力の大きさ＝　　　　kN　（　　）

1 章
2 章
3 章
4 章
5 章
6 章
7 章
8 章
9 章
10 章
11 章
12 章
13 章
14 章
15 章

1-5 力のつり合い

つり合いの3条件

$\Sigma X = 0$

$\Sigma Y = 0$

$\Sigma M = 0$

力のつり合いとは、物体に力が作用したとき物体が静止していることである。

$\Sigma X = 0$ とは、X方向の力がつり合っていて動かないことを示している。

※Σとは総和のことで、つり合っているときの答えは、0になる。

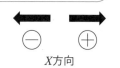

X方向

$\Sigma X = 10 - 10 = 0$

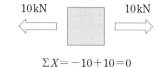

$\Sigma X = -10 + 10 = 0$

$\Sigma Y = 0$ とは、Y方向の力がつり合っていて動かないことを示している。

Y方向

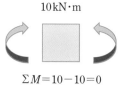

$\Sigma Y = 10 - 10 = 0$

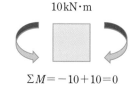

$\Sigma Y = -10 + 10 = 0$

$\Sigma M = 0$ とは、右回りのモーメントと左回りのモーメントがつり合っていて回転しないことを示している。

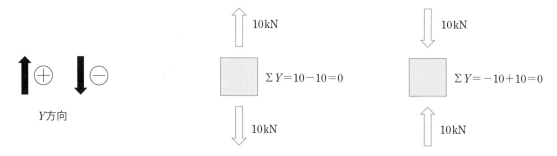

モーメント

右回り　左回り

$\Sigma M = 10 - 10 = 0$

$\Sigma M = -10 + 10 = 0$

▶つり合いの3条件で求められるつり合い問題 **1**

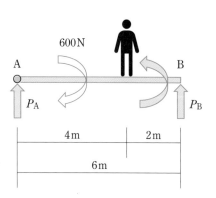

600N

A　B

P_A　P_B

4m　2m

6m

● 力のつり合い式のルーティーン

① $\Sigma M_A = 600\,\mathrm{N} \times 4\,\mathrm{m} - P_B \times 6\,\mathrm{m} = 0$　　$P_B = 400\,\mathrm{N}$

② $\Sigma Y = P_A - 600 + 400 = 0$　　$P_A = 200\,\mathrm{N}$

③ X方向の力はないので $\Sigma X = 0$

最初に $\Sigma M = 0$ の式を使って一つの分力（P_B）を求めるのがポイントである。

1章
2章
3章
4章
5章
6章
7章
8章
9章
10章
11章
12章
13章
14章
15章

▶つり合いの3条件で求められるつり合い問題 ❷

P_1〜P_4の力がつり合っているとき、P_1〜P_3の値を求める。

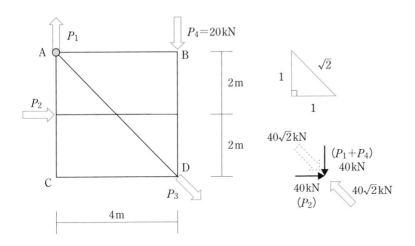

① P_1とP_3の交点Aで$\Sigma M_A = 0 \rightarrow P_2$が求まる。

P_1とP_3によるモーメントが0になることを利用する。

$$\Sigma M_A = 20 \times 4 - P_2 \times 2 = 0 \qquad P_2 = 40\,\text{kN}\ (\rightarrow)$$

② P_3とP_4の交点Dで$\Sigma M_D = 0 \quad \rightarrow \quad P_1$が求まる。

$$\Sigma M_D = 40 \times 2 + P_1 \times 4 = 0 \qquad P_1 = -\,20$$

答えが⊖なので向きは仮定と逆になる。$P_1 = 20\,\text{kN}\ (\downarrow)$

③ P_3は、図で解く。P_1、P_2、P_4の合力は、$40\sqrt{2}\,\text{kN}\ (\searrow)$。つり合うためには、$P_3 = 40\sqrt{2}\,\text{kN}\ (\nwarrow)$。

例題 1.5.1　P_1〜P_4の力がつり合っているとき、P_1〜P_3の値をを求めよ。

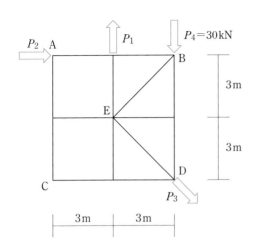

$$P_1 = \qquad \text{kN}\,(\qquad)$$

$$P_2 = \qquad \text{kN}\,(\qquad)$$

$$P_3 = \qquad \text{kN}\,(\qquad)$$

2章

構造物

2-1 構造物の分類と支点の種類

▶ 構造物の分類

本書で扱う構造物は4種類である。これらの骨組を構成する部材を一本の線で表現する。

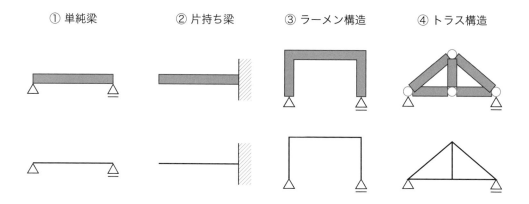

① 単純梁	② 片持ち梁	③ ラーメン構造	④ トラス構造

▶ 構造物の支点の種類

構造物の足元（支点）には、3種類の支え方がある。外力に対して支点に反力が生じる。

ローラー（移動端）	ピン（回転端）	フィクス（固定端）
反力数 1	反力数 2	反力数 3
A V_A	H_A A V_A	H_A A V_A RM_A
・水平移動する ・垂直移動しない ・回転する	・水平移動しない ・垂直移動しない ・回転する	・水平移動しない ・垂直移動しない ・回転しない

1 章
2 章
3 章
4 章
5 章
6 章
7 章
8 章
9 章
10 章
11 章
12 章
13 章
14 章
15 章

2-2 構造物にかかる荷重（外力）の種類

外力	集中荷重	等分布荷重	等変分布荷重	モーメント荷重
記号	P　P	W　L	W　L	M
単位	N、kN	N/m、kN/m	N/m、kN/m	N・m、kN・m
メモ	P 斜め荷重は、角度に応じて分配する	重心位置 $\frac{1}{2}$	重心位置 $\frac{1}{3}$	M M荷重は、どこにかかっても構造物の回転力は同じ

2-3 静定と不静定

静定構造物の支点の安定度が基本となり、反力数が増えれば不静定、減少すれば不安定になる。

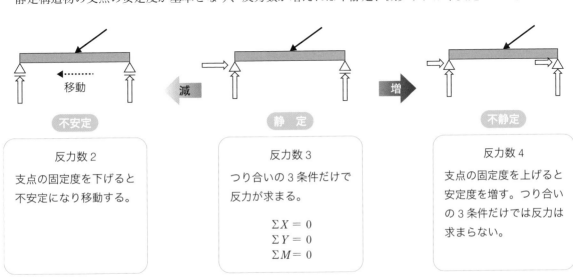

	不安定	静 定	不静定
	反力数 2	反力数 3	反力数 4
	支点の固定度を下げると不安定になり移動する。	つり合いの3条件だけで反力が求まる。 $\Sigma X = 0$ $\Sigma Y = 0$ $\Sigma M = 0$	支点の固定度を上げると安定度を増す。つり合いの3条件だけでは反力は求まらない。

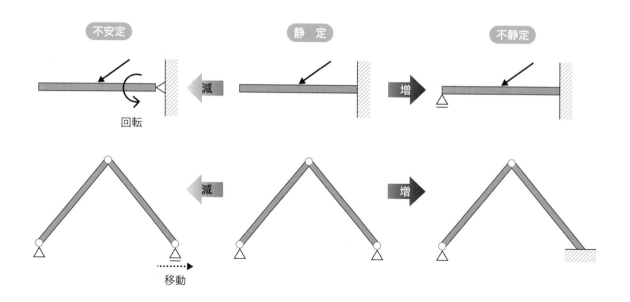

不安定 | 静 定 | 不静定

減 | 増

回転

移動

静定構造物の反力 → 力のつり合いの3条件式だけで解ける。

　静定構造物とは、指示条件を1段階緩めると不安定になる構造物で、反力は、つり合いの3条件式のみで解くことができる。

不静定構造物の反力 → 変形の条件＋力のつり合いの3条件式で解ける。

▶静定と不静定の判定式

構造物が、不安定・静定・不静定かどうかは、次の判定式で判断できる。

$$m = (n + s + r) - 2k$$

n：反力数
s：部材数
r：剛節部材（節点で剛接された部材）数
k：節点数

$m < 0$　　不安定
$m = 0$　　静定
$m > 0$　　不静定

例題 2.4.1 次の構造物が、不安定・静定・不静定のどれかを判断しなさい。

1章
2章
3章
4章
5章
6章
7章
8章
9章
10章
11章
12章
13章
14章
15章

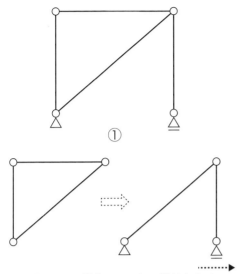

①

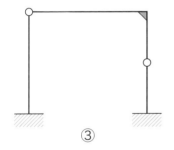

・トラスの部分は、1本の部材となる。

・ローラーは移動するので不安定となる。

　m＝3＋4＋0－4×2＝－1

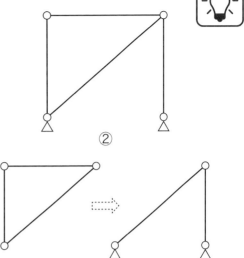

②

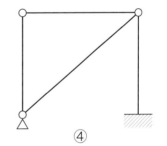

スリーヒンジ構造物は静定

m＝4＋4＋0－4×2＝0

（静定）

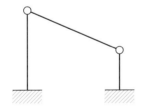

③

剛節の部分は、1本の部材となる

m＝6＋4＋1－5×2＝1

（不静定）

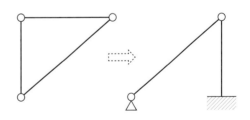

④

m＝6＋4＋1－5×2＝1

（不静定）

基本公式を使わなくても、部材を置き換えることで判断できる。

3章

反　力

3-1 梁の反力

▶単純梁の反力の求め方（ルーティーン）

① 荷重の単純化

┌─────────────────┐
│ ① 等分布荷重   │
│   ↓↓↓↓↓↓   │
│   │
│ ② 等変分布荷重 │
│   ↗↓↓↓↓   │
└─────────────────┘

┌─────────────────┐ $10\text{kN/m} \times 3\text{m} = 30\text{kN}$
│ 集中荷重に直す   │ ↑
└─────────────────┘

10kN/m ↓↓↓↓↓↓↓   30kN ↓
3m

面積は $\frac{1}{2}$　重心は $\frac{1}{3}$

1.5m 1.5m

15kN ↓

1m 1m 1m

┌─────────────────┐   ┌─────────────────┐
│ ③ 斜め荷重   │ →   │ XY 方向に分解する │
│   ↘   │   └─────────────────┘
└─────────────────┘

2　30°　1
$\sqrt{3}$

$\sqrt{2}$　45°　1
1

5　θ　3
4

┌─────────────────┐   ┌──────────────────────────────────────┐
│ ④ モーメント荷重 │ →   │ ↶ 反力計算の時だけ、モーメント荷重は支点に移動する。 │
└─────────────────┘   └──────────────────────────────────────┘

② 反力を仮定する

ローラー　　　　　ピン　　　　　フィクス

A　　　　　　　A　　　　　　A
↑V_A　　　H_A⇒ ↑V_A　　H_A⇒ ↑V_A ↶RM_A

┌──────────────────────────────────┐
│ ⊕の方向に仮定する。答えが⊖のときは、│
│ 向きは仮定と逆になる。   │
│   │
│   ↑   →   ↶   │
│   │
│ 最初から向きがわかっている場合は、逆でもいい。│
└──────────────────────────────────┘

③ $\Sigma M_A = 0$ ➡ V_B を求める

▶定番の式

$\Sigma M_A =$ 力〔kN〕× 垂直距離〔m〕＋ …… － V_B〔kN〕× A 点からの距離〔m〕＝ 0

④ $\Sigma Y = 0$ ➡ V_A を求める　　　↑ と ↓ は、等しい
⑤ $\Sigma X = 0$ ➡ H_A を求める　　　→ と ← は、等しい

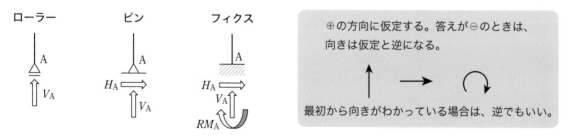

1章

2章

3章

4章

5章

6章

7章

8章

9章

10章

11章

12章

13章

14章

15章

3-2 単純梁の反力

▶反力の求め方（単純梁ルーティーン）

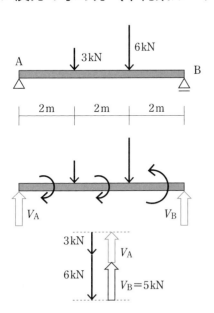

① 反力の仮定

・水平な外力がないので H_A はない

・⊕の方向に仮定する。V_A と V_B

・等分布荷重がある場合は、集中荷重に直す

② $\Sigma M_A = \curvearrowright + \curvearrowright - V_B \times \square = 0$

（□は、A点から V_B までの距離）

この式に代入すると

$$\Sigma M_A = 3\,\mathrm{kN} \times 2\,\mathrm{m} + 6\,\mathrm{kN} \times 4\,\mathrm{m} - V_B \times 6\,\mathrm{m} = 0$$

$$V_B = 5\,\mathrm{kN}\ (\uparrow)$$

③ $\Sigma Y = 0$ から（図式） $\qquad V_A = 4\,\mathrm{kN}\ (\uparrow)$

例題 3.2.1 ルーティーンに従って支点に働く反力を求めなさい。

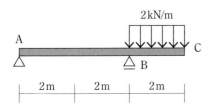

$V_A =\qquad$ kN（　　）

$V_B =\qquad$ kN（　　）

例題 3.2.2 ルーティーンに従って支点に働く反力を求めなさい。

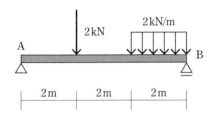

$V_A =\qquad$ kN（　　）

$V_B =\qquad$ kN（　　）

例題 3.2.3　ルーティーンに従って支点に働く反力を求めなさい。

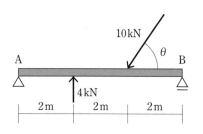

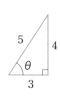

・斜め荷重を分解する

$V_A =$ 　　　　　kN（　　　）

$V_B =$ 　　　　　kN（　　　）

$H_A =$ 　　　　　kN（　　　）

例題 3.2.4　ルーティーンに従って支点に働く反力を求めなさい。

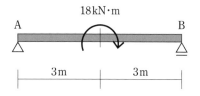

・モーメント荷重は支点に移動

・反力を仮定

・$\Sigma M_A = 18 - (\quad\quad) = 0$

$V_A =$ 　　　　　kN（　　　）

$V_B =$ 　　　　　kN（　　　）

例題 3.2.5　ルーティーンに従って支点に働く反力を求めなさい。

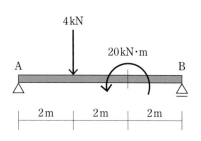

・モーメント荷重は支点に移動

$V_A =$ 　　　　　kN（　　　）

$V_B =$ 　　　　　kN（　　　）

3-3 片持ち梁の反力

▶片持ち梁の反力の求め方（ルーティーン）

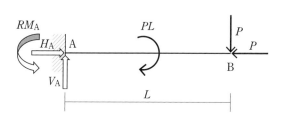

① 荷重の単純化

② 反力を仮定する

 ①と②は、単純梁と同じ。

③ A 点の右側にかかるモーメントを求め、その反対
回りが反力となる。

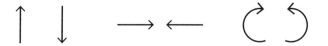

> 片持ち梁の反力には、単純梁のような
> 一般式は必要ない。
> 3 種類の外力に対して、反対方向に力
> をかけるだけでいい。

④と⑤は、かかった力の反対方向に同じ大きさの反
力が生じる。

例題 3.3.1 ルーティーンに従って支点に働く反力を求めなさい。

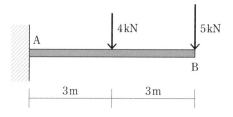

$V_A =$ kN (   )

$RM_A =$ kN·m(   )

例題 3.3.2 ルーティーンに従って支点に働く反力を求めなさい。

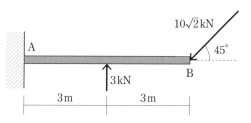

$V_A =$ kN (   )

$H_A =$ kN (   )

$RM_A =$ kN·m(   )

例題 3.3.3 ルーティーンに従って支点に働く反力を求めなさい。

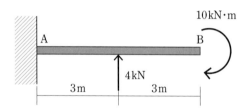

・モーメント荷重は支点に移動

$V_A =$ 　　　　 kN 　（　　）

$RM_A =$ 　　　　 kN・m（　　）

例題 3.3.4 ルーティーンに従って支点に働く反力を求めなさい。

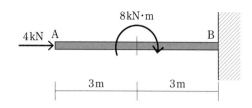

$H_B =$ 　　　　 kN 　（　　）

$RM_B =$ 　　　　 kN・m（　　）

例題 3.3.5 ルーティーンに従って支点に働く反力を求めなさい。

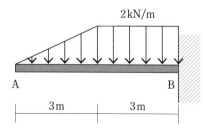

・集中荷重に直す

$V_B =$ 　　　　 kN 　（　　）

$RM_B =$ 　　　　 kN・m（　　）

例題 3.3.6 ルーティーンに従って支点に働く反力を求めなさい。

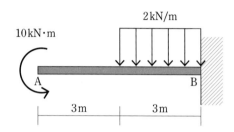

$V_B =$ 　　　　 kN 　（　　）

$RM_B =$ 　　　　 kN・m（　　）

1章
2章
3章
4章
5章
6章
7章
8章
9章
10章
11章
12章
13章
14章
15章

3-4 単純梁系ラーメンの反力

▶反力の求め方（単純梁系ラーメンのルーティーン）

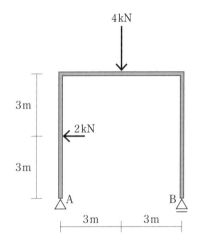

① 集中荷重のみなので省略

② 反力の仮定

・⊕の方向に仮定する

・答えが⊖の場合は、仮定した向きと逆になる

③ $\Sigma M_A =$ ⟲ + ⟳ $- V_B \times \square = 0$

（ $\square$ は、A点から V_B までの距離）

この式に代入すると

$\Sigma M_A = -2\,\mathrm{kN} \times 3\,\mathrm{m} + 4\,\mathrm{kN} \times 3\,\mathrm{m} - V_B \times 6\,\mathrm{m} = 0$

$V_B = 1\,\mathrm{kN}\ (\uparrow)$

> 「1-2 力のモーメント」で学んだ延長・垂線・移動の要領でΣM_Aの式を完成させる（距離は、すべて支点Aから）。
> A点（左手）で鉛筆を握って右手で力をかけてみる。時計回りを⊕、反時計回りを⊖として計算する。

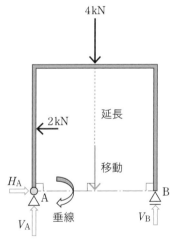

④ $\Sigma Y = 0$ から（図式）

$V_A = 3\,\mathrm{kN}\ (\uparrow)$

⑤ $\Sigma X = 0$ から（図式）

$H_A = 2\,\mathrm{kN}\ (\to)$

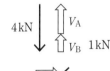

例題 3.4.1 ルーティーンに従って反力を求めなさい（式は③のみで解ける）。

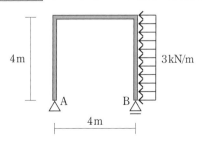

・等分布荷重を集中荷重に

$V_A = \qquad \mathrm{kN}\,(\quad)$

$V_B = \qquad \mathrm{kN}\,(\quad)$

$H_A = \qquad \mathrm{kN}\,(\quad)$

例題 3.4.2　ルーティーンに従って反力を求めなさい。

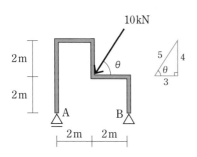

・斜めの力を分解してから解く

$V_A =$ 　　　　kN（　　　）

$V_B =$ 　　　　kN（　　　）

$H_B =$ 　　　　kN（　　　）

例題 3.4.3　ルーティーンに従って反力を求めなさい。

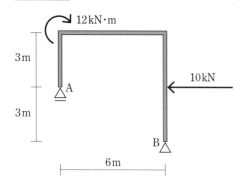

・段差のあるラーメンは、ピンで解く

・$\Sigma\, M_B =$

$V_A =$ 　　　　kN（　　　）

$V_B =$ 　　　　kN（　　　）

$H_B =$ 　　　　kN（　　　）

例題 3.4.4　ルーティーンに従って反力を求めなさい。

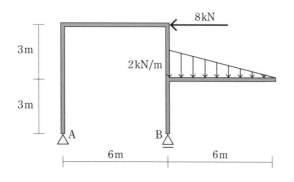

・等変分布荷重を集中荷重に直す

$V_A =$ 　　　　kN（　　　）

$V_B =$ 　　　　kN（　　　）

$H_A =$ 　　　　kN（　　　）

例題 3.4.5　ルーティーンに従って反力を求めなさい。

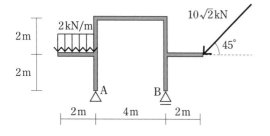

$V_A =$ 　　　　kN（　　　）

$V_B =$ 　　　　kN（　　　）

$H_A =$ 　　　　kN（　　　）

1 章

2 章

3 章

4 章

5 章

6 章

7 章

8 章

9 章

10 章

11 章

12 章

13 章

14 章

15 章

3-5 片持ち梁系ラーメンの反力

▶反力の求め方（片持ち梁系ラーメンのルーティーン）

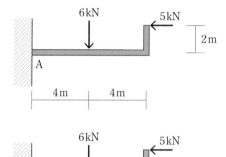

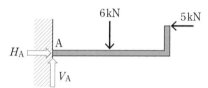

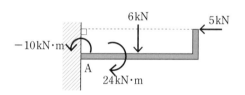

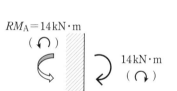

① 集中荷重のみなので省略

② 反力の仮定（この段階では、向きは決まらない）

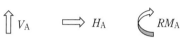　　V_A　　　$\Longrightarrow$ H_A　　　RM_A

V_A と H_A は、$\Sigma\,Y = 0$、$\Sigma\,X = 0$ から向きと大きさは想像できる。

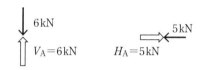

③ 反力モーメント RM_A は、外力によって生じるモーメントの総和を計算し、それに対して反対回りが RM_A となる

● A点で構造物を握ったときの右側のモーメントの総和

$$M_A = -\,5\,\text{kN} \times 2\,\text{m} + 6\,\text{kN} \times 4\,\text{m}$$

$$= 14\,\text{kN·m} \ (\curvearrowleft)$$

$$RM_A = 14\,\text{kN·m} \ (\curvearrowleft)$$

● 反力モーメント RM_A は、反時計回りとなる

「1-2 力のモーメント」で学んだ延長・垂線・移動の要領でモーメントの総和を計算する（距離は、すべて支点Aから）。
A点（左手）で鉛筆を握って右手で力をかけてみる。
時計回りを⊕、反時計回りを⊖として計算する。

例題 3.5.1　ルーティーンに従って反力を求めなさい。

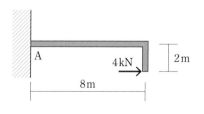

$V_A =$ 　　　　　kN　（　　　）

$H_A =$ 　　　　　kN　（　　　）

$RM_A =$ 　　　　　kN·m（　　　）

例題 3.5.2　ルーティーンに従って反力を求めなさい。

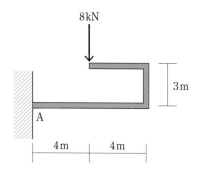

$V_A =$　　　　　kN　（　　　）

$H_A =$　　　　　kN　（　　　）

$RM_A =$　　　　kN・m（　　　）

例題 3.5.3　ルーティーンに従って反力を求めなさい。

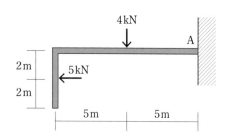

$V_A =$　　　　　kN　（　　　）

$H_A =$　　　　　kN　（　　　）

$RM_A =$　　　　kN・m（　　　）

例題 3.5.4　ルーティーンに従って反力を求めなさい。

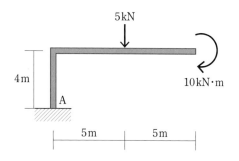

$V_A =$　　　　　kN　（　　　）

$H_A =$　　　　　kN　（　　　）

$RM_A =$　　　　kN・m（　　　）

例題 3.5.5　ルーティーンに従って反力を求めなさい。

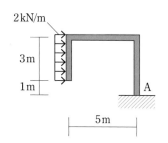

$V_A =$　　　　　kN　（　　　）

$H_A =$　　　　　kN　（　　　）

$RM_A =$　　　　kN・m（　　　）

1章

2章

3章

4章

5章

6章

7章

8章

9章

10章

11章

12章

13章

14章

15章

3-6 トラスの反力

▶反力の求め方（トラスのルーティーン）

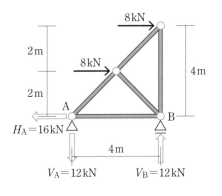

トラスの反力の求め方は、ラーメンと同じである。

① 集中荷重のみなので省略

② 反力の仮定

　・⊕の方向に仮定する。

　・答えが⊖の場合は、仮定した向きと逆になる。

③ $\Sigma M_A = \curvearrowright + \curvearrowright - V_B \times \square = 0$

　（$\square$ は、A点から V_B までの距離）

この式に代入すると

$\Sigma M_A = 8\,\text{kN} \times 2\,\text{m} + 8\,\text{kN} \times 4\,\text{m} - V_B \times 4\,\text{m} = 0$

$V_B = 12\,\text{kN}\ (\uparrow)$

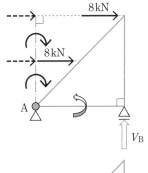

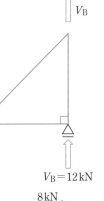

「**1-2 力のモーメント**」で学んだ延長・垂線・移動の要領で ΣM_A の式を完成させる。

（距離は、すべて支点Aから）

A点（左手）で鉛筆を握って右手で力をかけてみる。時計回りを⊕反時計回りを⊖として計算する。

右手で鉛筆を持ち、左手で押してみる。右回りに回転させると、これがモーメントである。

$M = $ 力 × 距離（鉛筆の長さ）

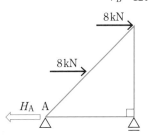

④ $\Sigma Y = 0$ から（図式）

　　$V_A = 12\,\text{kN}\ (\downarrow)$

⑤ $\Sigma X = 0$ から（図式）

　　$H_A = 16\,\text{kN}\ (\leftarrow)$

例題 3.6.1 ルーティーンに従って反力を求めなさい。

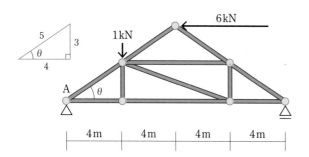

$V_A =$ 　　　　kN（　　）

$V_B =$ 　　　　kN（　　）

$H_A =$ 　　　　kN（　　）

例題 3.6.2 ルーティーンに従って反力を求めなさい。

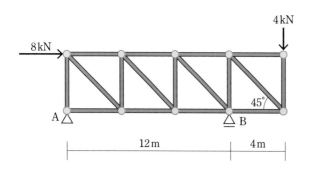

$V_A =$ 　　　　kN（　　）

$V_B =$ 　　　　kN（　　）

$H_A =$ 　　　　kN（　　）

例題 3.6.3 ルーティーンに従って反力を求めなさい。

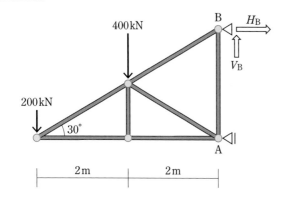

$V_B =$ 　　　　kN（　　）

$H_A =$ 　　　　kN（　　）

$H_B =$ 　　　　kN（　　）

1 章
2 章
3 章
4 章
5 章
6 章
7 章
8 章
9 章
10 章
11 章
12 章
13 章
14 章
15 章

3-7 スリーヒンジラーメンの反力

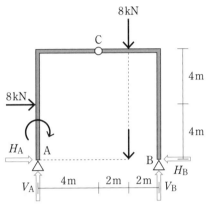

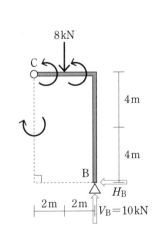

●スリーヒンジラーメンの特徴

スリーヒンジラーメンの反力は四つある。つり合いの3条件式だけでは、解けない。

中央のヒンジは回転するので、モーメントは常に0になる。この式を利用する。

$$\Sigma M_{C左} = 0 \ (\Sigma M_{C右} = 0)$$

▶スリーヒンジラーメンのルーティーン－1

① 荷重の単純化

② 反力仮定（基本的には⊕方向）

③ $\Sigma M = 0 \Rightarrow V_B$ を求める。

$$\Sigma M_A = 8kN \times 4m + 8kN \times 6m - V_B \times 8m = 0$$

$$V_B = 10kN \ (\uparrow)$$

④ $\Sigma Y = 0 \Rightarrow V_A$ を求める

$$V_A = 2kN \ (\downarrow)$$

⑤ $\Sigma M_{C左} \Rightarrow H_A$ を求める

$$\Sigma M_{C左} = -2kN \times 4m - 8kN \times 4m - H_A \times 8m = 0$$

$$H_A = -5kN$$

※向きが仮定と逆 $H_A = 5kN \ (\leftarrow)$

⑥ $\Sigma X = 0 \Rightarrow H_B$ 求める

$$H_B = 3kN \ (\leftarrow)$$

▶スリーヒンジラーメンのルーティーン－2

中央のヒンジの右側だけのモーメントの合計も0になる。

⑤ $\Sigma M_{C右} \Rightarrow H_B$ を求める

$$\Sigma M_{C右} = 8kN \times 2m - 10kN \times 4m + H_B \times 8m = 0$$

$$H_B = 3kN \ (\leftarrow)$$

▶スリーヒンジラーメンのルーティーン－3

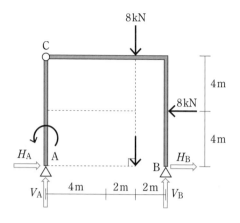

① V_A と V_B の解き方は p.39 のルーティーン 1 と同じである。

$$\Sigma M_A = 8\,\text{kN} \times 6\,\text{m} - 8\,\text{kN} \times 4\,\text{m} - V_B \times 8\,\text{m} = 0$$

$$V_B = 2\,\text{kN}\ (\uparrow)$$

$$V_A = 6\,\text{kN}\ (\uparrow)$$

② $\Sigma M_{C左} = 6\,\text{kN} \times 0\,\text{m} - H_A \times 8\,\text{m} = 0$

$$H_A = 0$$

$$H_B = 8\,\text{kN}\ (\rightarrow)$$

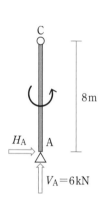

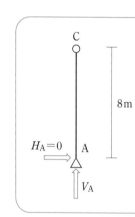

●スリーヒンジラーメンの特徴

・左図のように柱がヒンジとピンとつながっている場合、$H_A = 0$ となる（途中に荷重がない場合）。

・右図のように途中に荷重がかかっている場合は、

$$H_A = \frac{P}{2}\ \text{となる。}$$

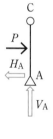

例題 **3.7.1** ルーティーンに従って支点に働く反力を求めなさい。

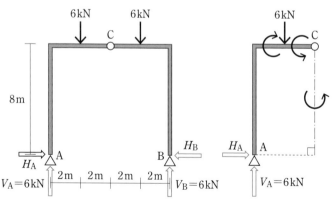

② 左右対称の構造物・荷重なので反力は左右対称

③④ 反力が左右対称なので $\Sigma M_A = 0$ の式は不要

$$V_A = 6\,\text{kN}\ (\uparrow)$$

$$V_B = 6\,\text{kN}\ (\uparrow)$$

$$\Sigma M_{C左} = 6\,\text{kN} \times 4\,\text{m} - 6\,\text{kN} \times 2\,\text{m} - H_A \times 8\,\text{m} = 0$$

$$H_A = 1.5\,\text{kN}\ (\rightarrow)$$

⑥ $\Sigma X = 0$ から

$$H_B = 1.5\,\text{kN}\ (\leftarrow)$$

1 章

2 章

3 章

4 章

5 章

6 章

7 章

8 章

9 章

10 章

11 章

12 章

13 章

14 章

15 章

例題 3.7.2 ルーティーンに従って支点に働く反力を求めなさい。

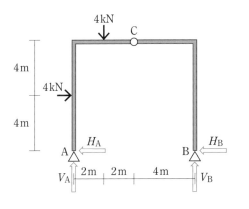

③④ $\Sigma M_A = 0 \rightarrow V_B \rightarrow V_A$

⑤ $\Sigma M_{C右} = 0 \rightarrow H_B$

⑥ $\Sigma X = 0 \rightarrow H_A$

$V_A = $ 　　　 kN（　　）

$V_B = $ 　　　 kN（　　）

$H_A = $ 　　　 kN（　　）

$H_B = $ 　　　 kN（　　）

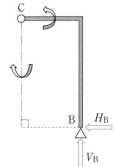

例題 3.7.3 ルーティーンに従って支点に働く反力を求めなさい。

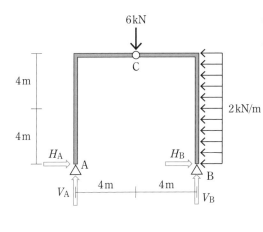

③④ $\Sigma M_A = 0 \rightarrow V_B \rightarrow V_A$

⑤ $\Sigma M_{C左} = 0 \rightarrow H_A \rightarrow H_B$

$V_A = $ 　　　 kN（　　）

$V_B = $ 　　　 kN（　　）

$H_A = $ 　　　 kN（　　）

$H_B = $ 　　　 kN（　　）

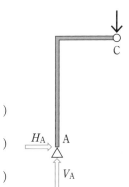

例題 3.7.4 ルーティーンに従って支点に働く反力を求めなさい。

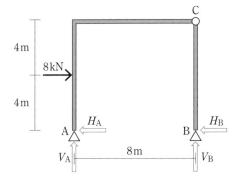

$V_A = $ 　　　 kN（　　）

$V_B = $ 　　　 kN（　　）

$H_A = $ 　　　 kN（　　）

$H_B = $ 　　　 kN（　　）

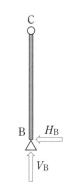

4章

片持ち梁の応力図

4-1 応力（部材内部に生じる力）図の意味と描き方

　構造物に外力が生じると部材の中に様々な力（応力）が生じる。部材を曲げたり、ずらしたり、押したり、引っ張ったりする力が部材内部に生じる。

　その応力は複雑だが、構造計算でそれらを扱うために3種類の力に分類して扱う。

それらの応力を
・軸方向力（N）
・せん断力（Q）
・曲げモーメント（M）
という。

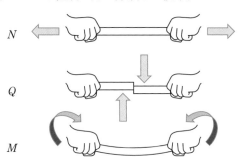

N

Q

M

▶片持ち梁の応力図

　応力図とは、部材に生じる応力の分布を示した図のことである。応力図の描き方には、ルールがある。下記に示したルールを守りながら応力図を完成させていく。

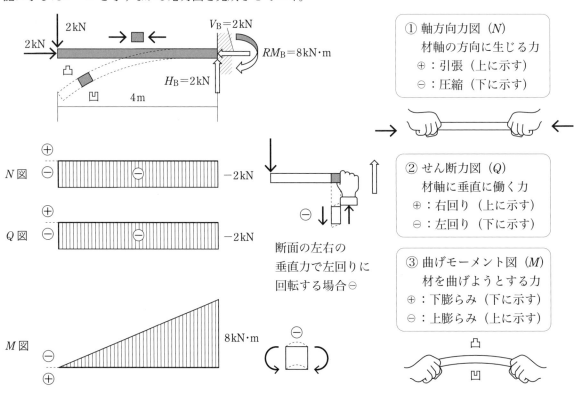

2kN

2kN

$V_B=2$kN

$RM_B=8$kN·m

凸

凹

4m

$H_B=2$kN

N図　　　　　　　　　　-2kN

Q図　　　　　　　　　　-2kN

M図　　　　　　8kN·m

断面の左右の
垂直力で左回りに
回転する場合⊖

① 軸方向力図（N）
　材軸の方向に生じる力
　⊕：引張（上に示す）
　⊖：圧縮（下に示す）

② せん断力図（Q）
　材軸に垂直に働く力
　⊕：右回り（上に示す）
　⊖：左回り（下に示す）

③ 曲げモーメント図（M）
　材を曲げようとする力
　⊕：下膨らみ（下に示す）
　⊖：上膨らみ（上に示す）

4-2 片持ち梁に集中荷重が作用したときの応力図

▶応力図の描き方（ルーティーン）

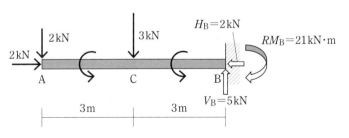

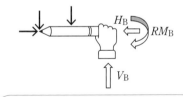

反力は、単純に押されたら、押し返す。回されたら、回し返す。

$\Sigma X = 0 \qquad \Sigma Y = 0 \qquad \Sigma M = 0$

N図 $\qquad -2\text{kN}$

・AB 間は圧縮だから ⊖
・下に描く

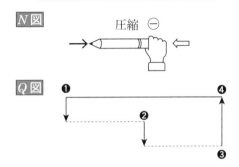

左から順に外力と反力を描く。途中は水平移動する。0 からスタートして、必ず 0 に戻る。

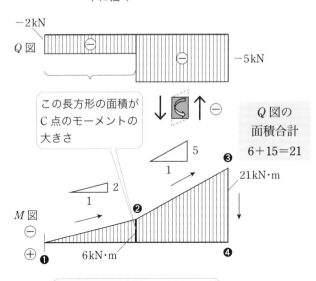

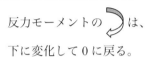

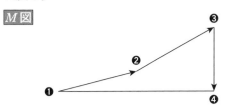

M図も 0 からスタートして最後は反力モーメント 21kN·m で 0 に戻る。

左図に示した M 図と Q 図の関係から作図しても構わない。Q 図の大きさが M 図の傾きの値になる。

せん断力図の面積の合計を求めながら M 図を描いていく方法と併用する。

	Q図	M図の勾配
	⊕	↘
Q図と M図の関係	0	→
	⊖	↗

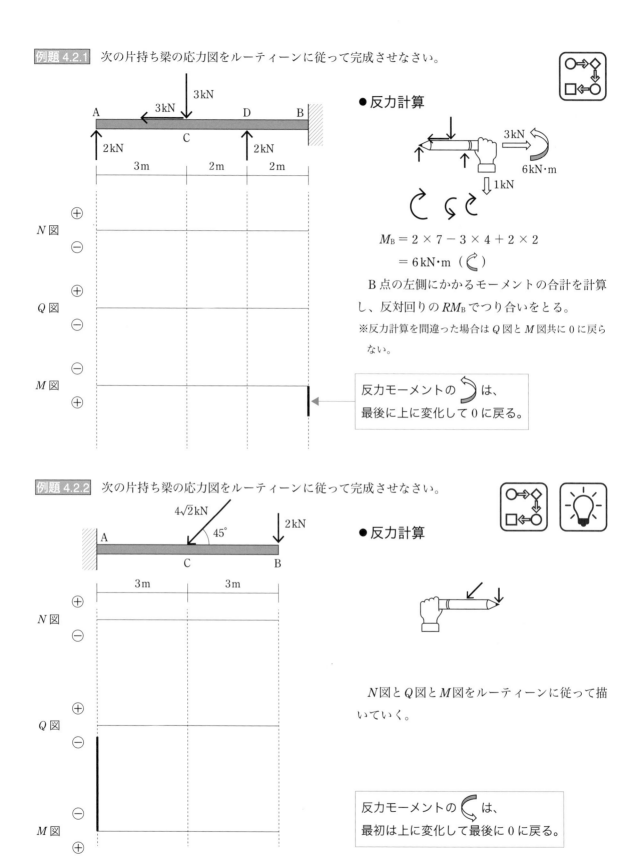

例題 4.2.1 次の片持ち梁の応力図をルーティーンに従って完成させなさい。

● 反力計算

$M_B = 2 \times 7 - 3 \times 4 + 2 \times 2$

$= 6\,kN\cdot m$ (↺)

B 点の左側にかかるモーメントの合計を計算し、反対回りの RM_B でつり合いをとる。

※反力計算を間違った場合は Q 図と M 図共に 0 に戻らない。

反力モーメントの ↻ は、
最後に上に変化して 0 に戻る。

例題 4.2.2 次の片持ち梁の応力図をルーティーンに従って完成させなさい。

● 反力計算

N 図と Q 図と M 図をルーティーンに従って描いていく。

反力モーメントの ↺ は、
最初は上に変化して最後に 0 に戻る。

1章
2章
3章
4章
5章
6章
7章
8章
9章
10章
11章
12章
13章
14章
15章

4-3 片持ち梁に等分布荷重が作用したときの応力図

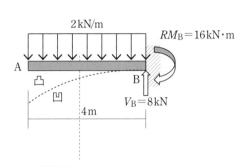

$RM_B = 16\,\text{kN·m}$

$V_B = 8\,\text{kN}$

4m

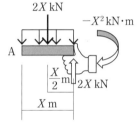

$2X\,\text{kN}$

$-X^2\,\text{kN·m}$

$\dfrac{X}{2}\,\text{m}$ $2X\,\text{kN}$

$X\,\text{m}$

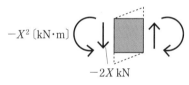

$-X^2\,[\text{kN·m}]$

$-2X\,\text{kN}$

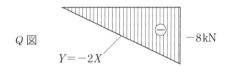

Q 図　$-8\,\text{kN}$

$Y = -2X$

Q図の面積合計

$-8\,\text{kN} \times 4\,\text{m} \times \dfrac{1}{2} = -16\,\text{kN·m} = M_{\max}$

M 図は凸側に出る。

$Y = -X^2$

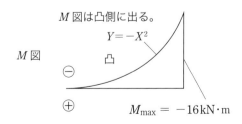

M 図　$M_{\max} = -16\,\text{kN·m}$

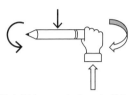

右手に鉛筆を握り、つり合いを考えれば、
反力は簡単に求まる。

一般式

A 点から X m のところで切断し、片手で支えたとしたら、そこでのつり合いを考えると左図のようになる。AB 間では、常に同じ式で表される。

$$Q_X = -2X\,[\text{kN}]$$
$$M_X = -2X \times \dfrac{X}{2} = -X^2\,[\text{kN·m}]$$

せん断力の一般式 $Q_X = -2X$ は、数学の $Y = -2X$ と同じグラフである。

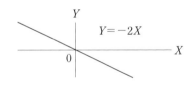

Y　$Y = -2X$　X　0

M 図の一般式　　$Y = -X^2$

M図は、下が⊕なので数学の場合と逆で下膨らみとなる。

覚えるべき片持ち梁のQ図とM図

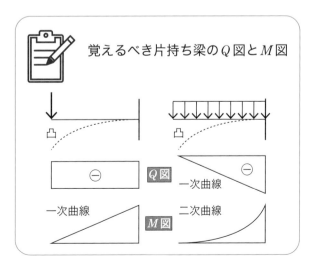

一次曲線　Q図　一次曲線

一次曲線　M図　二次曲線

47

例題 4.3.1 次の片持ち梁の応力図をルーティーンに従って完成させなさい。

例題 4.3.2 次の片持ち梁の応力図をルーティーンに従って完成させなさい。

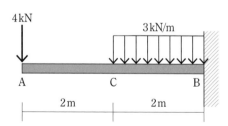

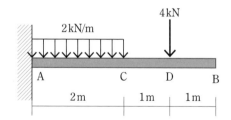

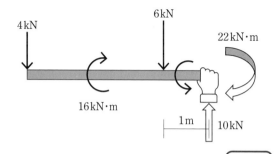

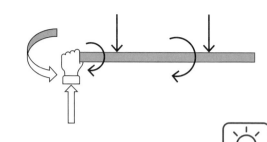

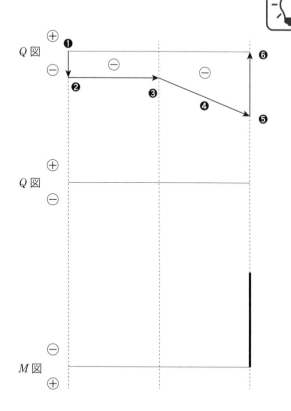

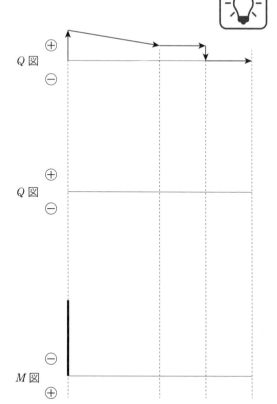

1章
2章
3章
4章
5章
6章
7章
8章
9章
10章
11章
12章
13章
14章
15章

4-4 片持ち梁にモーメント荷重が作用したときの応力図

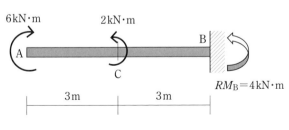

$RM_B = 4kN \cdot m$

3m　　3m

反力は、単純に回されたら回し返す。

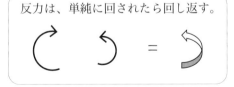

モーメント荷重	M図
↺	↓ に変化
↻	↑ に変化

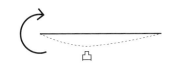

右回りにひねると下が膨らむ

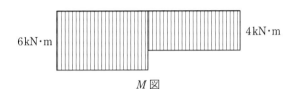

6kN·m　　　4kN·m

M図

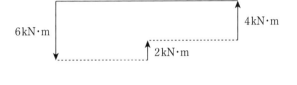

6kN·m　　2kN·m　　4kN·m

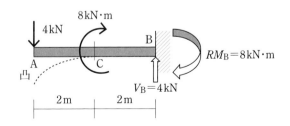

8kN·m

4kN

$RM_B = 8kN \cdot m$

$V_B = 4kN$

2m　　2m

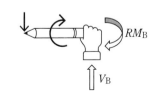

RM_B

V_B

Q図

－4kN

Q図

4kN　　⊖　　4kN

M図

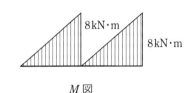

8kN·m　　8kN·m

M図

M図の値は、Q図の面積の合計。

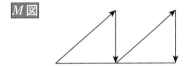

Q図⊖は上向き、
M荷重と反力Mは ↻ で
下に変化する。

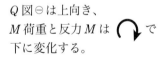

49

例題 4.4.1 次の片持ち梁の応力図をルーティーンに従って完成させなさい。

例題 4.4.2 次の片持ち梁の応力図をルーティーンに従って完成させなさい。

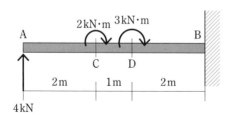

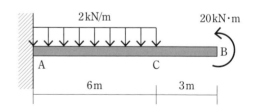

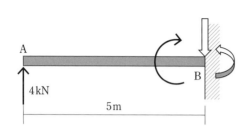

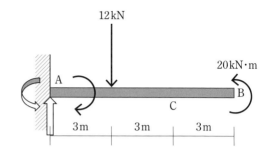

モーメント荷重の位置で M 図は、上下へ変化する。

モーメント荷重	M 図
↻	↓ に変化
↺	↑ に変化

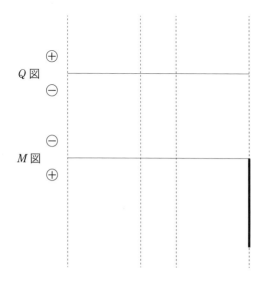

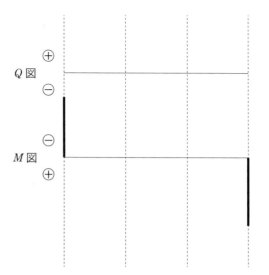

5章

単純梁の応力図

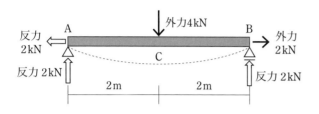

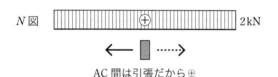

N 図 ・・・・・・・・・・・・・・・・・・・・ 2kN

AC 間は引張だから ⊕

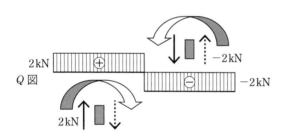

M図 ・材の曲がり方を想像する。

・M図は凸側（膨らんだ方）に生じる。
M図は材の曲がり方を表す。

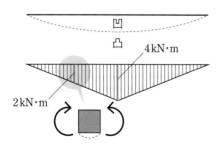

A 点から 1m 右は 2kN·m が生じる

● A 点を原点として一般式を立てると

⬇

$N_X = 2\,\mathrm{kN}$

$Q_{\mathrm{AC}} = 2\,\mathrm{kN}$

$Q_{\mathrm{CB}} = -2\,\mathrm{kN}$

$M_{\mathrm{AC}} = 2X\;[\mathrm{kN \cdot m}]$

$M_{\mathrm{CB}} = 2X - 4(X - 2) = -2X + 8\;[\mathrm{kN \cdot m}]$

一般式を元にグラフ化もできるが、機械的に図式化した方が簡単である。

$\boxed{N 図}$ 軸方向力図

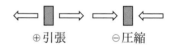

⊕引張　　　⊖圧縮

$\boxed{Q 図}$ せん断力図

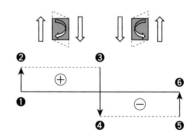

$\boxed{M 図}$

M 図には、符号 ⊕ ⊖ はつけない。

M 図の求め方は、2 種類ある。

	Q 図	M 図の勾配
Q 図と M 図の関係	⊕	↘
	0	→
	⊖	↗

① せん断力の値は、M 図の勾配（傾き）を表す。

② M 図の値は、その地点の左側のせん断力図の面積の合計となる。

1章
2章
3章
4章
5章
6章
7章
8章
9章
10章
11章
12章
13章
14章
15章
解答

5-2 単純梁に集中荷重が作用したときの応力図

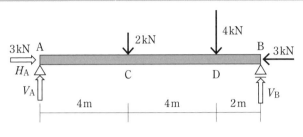

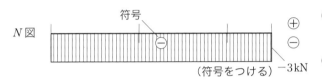

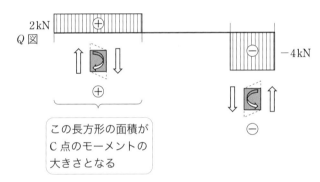

この長方形の面積が
C点のモーメントの
大きさとなる

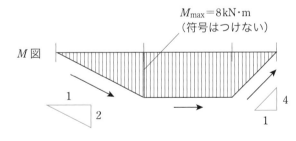

$M_{\max}=8\mathrm{kN \cdot m}$
（符号はつけない）

	Q図	M図の勾配
	$\oplus$	↘
Q図とM図の関係	0	→
	$\ominus$	↗

▶応力図の描き方（ルーティーン）

① 反力の仮定

② $\Sigma M_A = 0 \Rightarrow V_B$

$\Sigma M_A = 2 \times 4 + 4 \times 8$

$V_B \times 10 = 0$

$V_B = 4\,\mathrm{kN}$（↑）

③ $\Sigma Y = 0$ から

$V_A = 2\,\mathrm{kN}$（↑）

④ $\Sigma X = 0$ から

$H_A = 3\,\mathrm{kN}$（→）

N図 AB間は圧縮だから $\ominus$（下に描く）

Q図

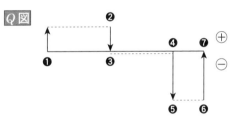

　せん断力図は、材に垂直な力を左から順に描くことで完成する。途中は水平移動させる。0からスタートして、必ず0に戻る。

M図

　M図も0からスタートして0へ戻る（$\Sigma M = 0$のため）。

　左図に示したM図とQ図の関係から作図しても構わない。Q図の大きさがM図の傾きの値になる。

各点のモーメントの大きさは、その点から左側のせん断力図の面積の合計。

例題 5.2.1　次の単純梁の応力図をルーティーンに従って完成させなさい。

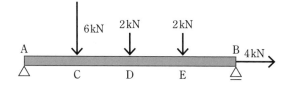

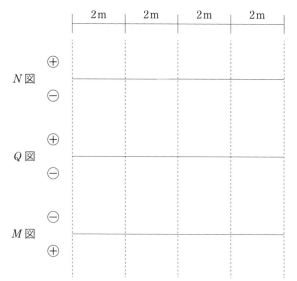

● 反力計算

② $\Sigma M_A = 0 \rightarrow V_B$

$V_A = $ 　　　　 kN （　　）

$V_B = $ 　　　　 kN （　　）

$H_A = $ 　　　　 kN （　　）

N 図　➡　反力を確認しておく

Q 図　➡　材に垂直な力を A〜B まで順に描く（0 → 0）

　　　➡　M 図の勾配を確認しておく

M 図　➡　Q 図の面積を求め、⊕ ⊖ の各ポイントの総和を記入する。0 からスタートして 0 に戻る。

例題 5.2.2　次の単純梁の応力図をルーティーンに従って完成させなさい。

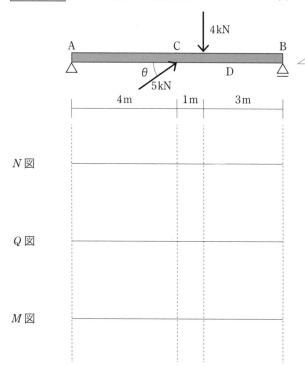

● 反力計算（分解）

$V_A = $ 　　　　 kN （　　）

$V_B = $ 　　　　 kN （　　）

$H_A = $ 　　　　 kN （　　）

N 図　➡　AC 間のみ生じる

Q 図　➡　材に垂直な力を A から B まで順に描く（0 → 0）

　　　➡　M 図の勾配を確認しておく

M 図　➡　Q 図の面積を求め、⊕ ⊖ の各ポイントの総和を記入する。0 からスタートして 0 に戻る。

例題 5.2.3 次の単純梁の応力図をルーティーンに従って完成させなさい。

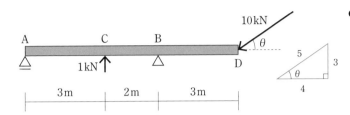

● 反力計算（分解）

N図

Q図

M図

$$V_A = \qquad \text{kN} \quad (\quad)$$

$$V_B = \qquad \text{kN} \quad (\quad)$$

$$H_B = \qquad \text{kN} \quad (\quad)$$

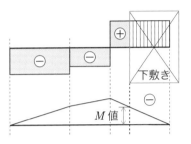

下敷きで隠した左側の Q 図の面積の
合計が、その地点の M 値となる

例題 5.2.4 次の単純梁の応力図をルーティーンに従って完成させなさい。

● 反力計算

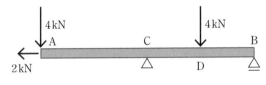

N図

Q図

M図

$$V_B = \qquad \text{kN} \quad (\quad)$$

$$V_C = \qquad \text{kN} \quad (\quad)$$

$$H_C = \qquad \text{kN} \quad (\quad)$$

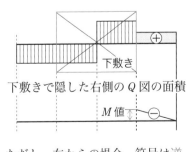

下敷きで隠した右側の Q 図の面積

ただし、右からの場合、符号は逆。

1章
2章
3章
4章
5章
6章
7章
8章
9章
10章
11章
12章
13章
14章
15章
解答

5-3 単純梁に等分布荷重が作用したときの応力図

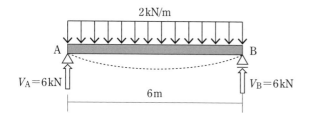

$V_A = 6\,\text{kN}$ $V_B = 6\,\text{kN}$

6m

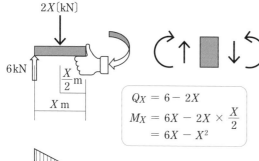

$2X\,(\text{kN})$

6kN

$\dfrac{X}{2}\,\text{m}$

$X\,\text{m}$

$$Q_X = 6 - 2X$$
$$M_X = 6X - 2X \times \dfrac{X}{2}$$
$$= 6X - X^2$$

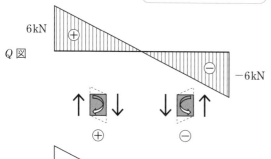

6kN
Q図
$\oplus$
$\ominus$
$-6\,\text{kN}$

$\oplus$ $\ominus$

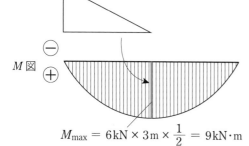

$\ominus$
M図
$\oplus$

$M_{\text{max}} = 6\,\text{kN} \times 3\,\text{m} \times \dfrac{1}{2} = 9\,\text{kN·m}$

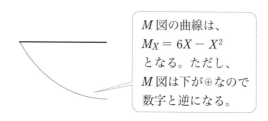

M図の曲線は、
$M_X = 6X - X^2$
となる。ただし、
M図は下が⊕なので
数字と逆になる。

▶等分布荷重の単位2kN/mとは

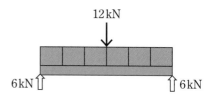

12kN

6kN   6kN

一つ2kNの箱を六つ梁に置いた状態を考える。重心は中央である。

左右対称なので反力は6kNとなる。

A点からXmの部分で握ったところの左側のQとMの合計が、その位置の大きさとなる。

せん断力の一般式$Q_X = 6 - 2X$は、数学の$Y = 6 - 2X$と同じグラフである。

中央までのせん断力図の面積がM_{max}になる。

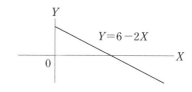

Y

$Y = 6 - 2X$

0   X

一般式を理解することは大切なことだが、一般式がなくても応力図の作図は可能である。

M図は、材の曲がる形と同じようになる。

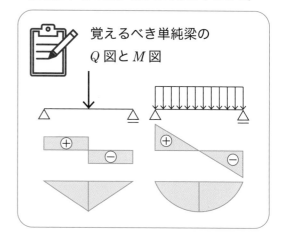
覚えるべき単純梁の
Q図とM図

▶応力図の描き方（ルーティーン）

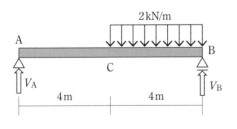

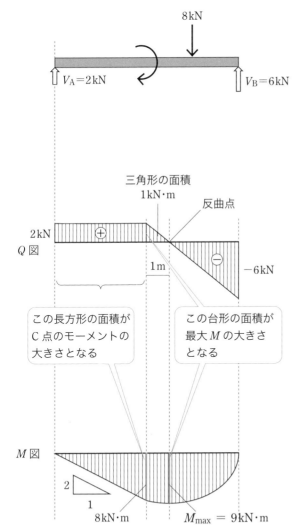

三角形の面積
1kN·m

反曲点

2kN

Q図

1m

−6kN

この長方形の面積が
C点のモーメントの
大きさとなる

この台形の面積が
最大Mの大きさ
となる

M図

2

1

8kN·m

$M_{max} = 9$kN·m

・反力計算

・等分布荷重を集中荷重に直す

・$\Sigma M_A = 8 \times 6 - V_B \times 8 = 0$

$\qquad V_B = 6$kN（↑）

$\qquad \Sigma Y = 0$から

$\qquad\qquad V_A = 2$kN（↑）

Q図

左から順に外力と反力を描く。AC間は水平移動する。CB間は、斜め下に8kN下がり、最後は、0に戻る。

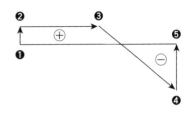

等分布荷重の範囲だけが斜め下に8kN下がる。0からスタートして、必ず0に戻る。

M図

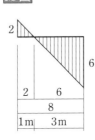

2

6

2 6

8

1m 3m

AC間は、下向き2の勾配。

等分布荷重のCB間は、二次曲線になる。

2：6の相似形の水平距離の分配は、

$$4\text{m} \times \frac{2}{8} = 1\text{m}$$

Q図の⊕から⊖へ移る反曲点でモーメントは最大となる。

●最大曲げモーメントは

$$M_{max} = 8 + 2 \times 4 \times \frac{2}{8} \times \frac{1}{2} = 9 \ (\text{kN·m})$$

1章
2章
3章
4章
5章
6章
7章
8章
9章
10章
11章
12章
13章
14章
15章
解答

例題 5.3.1　次の単純梁の応力図をルーティーンに従って完成させなさい。

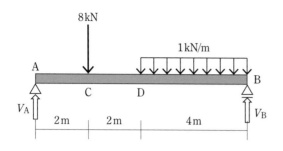

8kN

1kN/m

A

C　　　D

B

V_A

V_B

2m　　2m　　　　4m

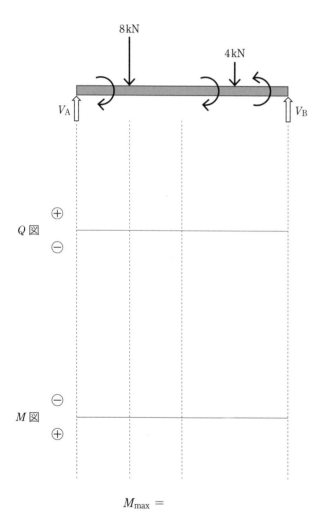

8kN

4kN

V_A

V_B

Q 図　⊕　⊖

M 図　⊖　⊕

$M_{\max} =$

▶応力図の描き方 （ルーティーン）

・反力計算

・等分布荷重を集中荷重に直す。

・$\Sigma M_A = 8 \times 2 + 4 \times 6 - V_B \times 8 = 0$

　$V_B = 5\,\text{kN}$（↑）

　$\Sigma Y = 0$ から

　$V_A = 7\,\text{kN}$（↑）

Q 図

　左から順に外力と反力を描く。AD 間は水平移動する。

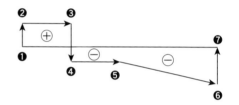

等分布荷重の範囲だけが斜め下に 4kN 下がる。0 からスタートして、必ず 0 に戻る。

M 図

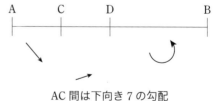

AC 間は下向き 7 の勾配
CD 間は上向き 1 の勾配

等分布荷重の DB 間は、二次曲線になる。

　Q 図の⊕から⊖へ移る C 点が反曲点でモーメントは最大となる。

例題 5.3.2　次の単純梁の応力図をルーティーンに従って完成させなさい。

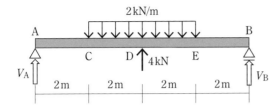

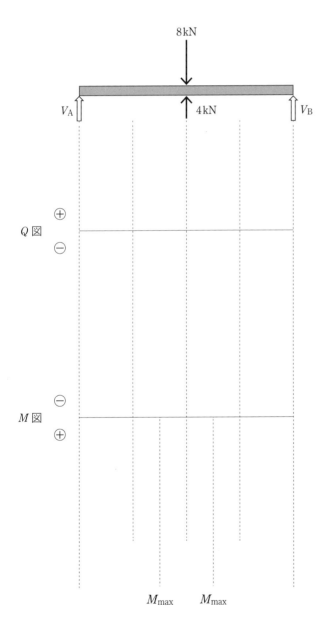

▶応力図の描き方（ルーティーン）

・反力計算

・等分布荷重を集中荷重に直す。

・荷重状態が左右対称なので反力も M 図も左右対称になる。

$$V_A = 2\,\text{kN}（↑）$$
$$V_B = 2\,\text{kN}（↑）$$

Q 図

左から順に外力と反力を描く。AC 間と EB 間は水平移動する。

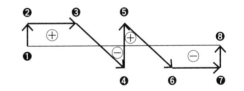

等分布荷重の範囲だけが斜め下に下がる。
0 からスタートして、必ず 0 に戻る。

M 図

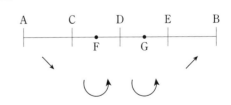

等分布荷重の CE 間は、二次曲線になる。

Q 図の $\oplus$ から $\ominus$ へ移る反曲点の F、G 点で頂点を迎える。

5-4 単純梁にモーメント荷重が作用したときの応力図

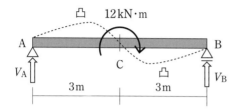

薄いプラスチックの定規の両端を固定し、中央でひねると上図のように曲がる。これがM図の形を表す。

Q図

M図

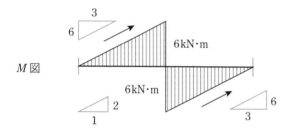

6kN·m（CE 間の Q 図の面積）

	Q図	M図の勾配
	$\oplus$	↘
Q図とM図の関係	0	→
	$\ominus$	↗

●反力計算

$$\Sigma M_A = 12 - V_B \times 6 = 0$$
$$V_B = 2\,\text{kN}\ (\uparrow)$$
$$\Sigma Y = 0 \,\text{から}$$
$$V_A = 2\,\text{kN}\ (\downarrow)$$

反対方向の同じ大きさの力によるモーメントを偶力モーメントという。

Q図

・左から順に外力と反力を描く。

・途中は水平移動する。

・0からスタートして、必ず0に戻る。

M図

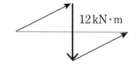

12kN·m

Q図は$\ominus$なので、AB間は上向きである。C点のモーメント荷重で下に変化する。

▶モーメント荷重が作用したときのM図の変化

モーメント荷重	M図
↻	↓ に変化
↺	↑ に変化

右回りのモーメント荷重によって材は下に膨らむ。したがって、M図は下に変化する。

例題 5.4.1 次の単純梁の応力図をルーティーンに従って完成させなさい。

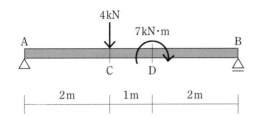

● 反力計算

$$V_A = \qquad kN(\qquad)$$

$$V_B = \qquad kN(\qquad)$$

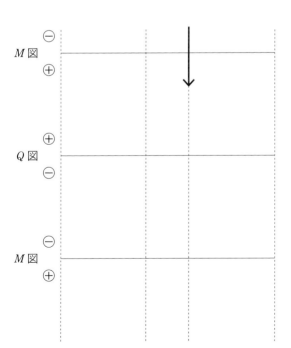

例題 5.4.2 次の単純梁の応力図をルーティーンに従って完成させなさい。

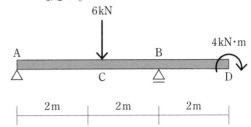

● 反力計算

$$V_A = \qquad kN(\qquad)$$

$$V_B = \qquad kN(\qquad)$$

モーメント荷重の位置で、M図は下へ変化する。

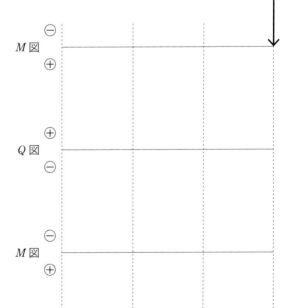

この章までは、梁の応力図について学んできたが、次章からは、ラーメンの応力図について学んでいく。ラーメンといっても梁を折り曲げただけなので、基本的には解き方は変わらない。

前章までの基本的なルールを再確認したい。

▶ Q図とM図の関係

	Q図	M図の勾配
	$\oplus$	↘
Q図とM図の関係	0	→
	$\ominus$	↗

・Q図の値は、M図の傾きを表す

・M図の値は、Q図の左側の面積の合計

▶荷重の種別によるQ図とM図の違い

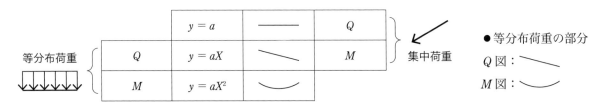

等分布荷重					集中荷重
		$y = a$	———	Q	
	Q	$y = aX$	／	M	
	M	$y = aX^2$	⌣		

● 等分布荷重の部分

Q図：＼

M図：⌣

▶反力モーメント・モーメント荷重によるM図の変化

モーメント荷重	M図
↺	↓ に変化
↻	↑ に変化

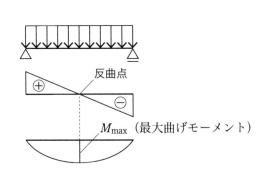

左手親指の法則

▶反曲点で最大曲げモーメント

反曲点とは、Q図で⊕から⊖へ移る点をいう。

Q図の反曲点の左側の面積の合計がモーメントの最大になる。

反曲点

$M_{\max}$（最大曲げモーメント）

6章

ラーメンの応力図

ラーメンは、梁を折り曲げた状態になって、一部が柱になる。

したがって応力図の表現方法が多少変化するため、以下に注意点を紹介する。

注意1 応力図の符号

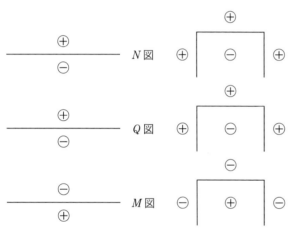

注意2 ラーメンの M 図は Q 図が $\oplus$ のとき、内側へ描く。

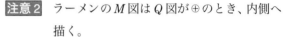

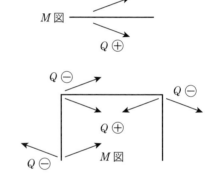

注意3 柱に生じるせん断力の表現

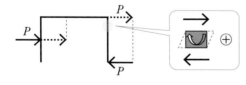

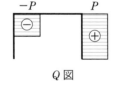

Q 図

左柱の水平力 P は、右柱にも影響する。

注意4 梁では、1か所の応力が、ラーメンでは、2か所に表現される。

1 章
2 章
3 章
4 章
5 章
6 章
7 章
8 章
9 章
10 章
11 章
12 章
13 章
14 章
15 章

6-2 単純梁系ラーメンに集中荷重が作用したときの応力図

▶ラーメンの応力図の描き方（ルーティーン）

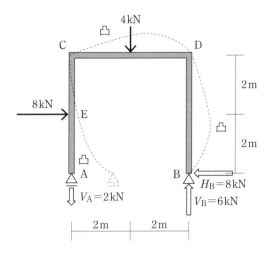

●反力計算

$$\Sigma M_A = 0 \Rightarrow V_B$$
$$\Sigma Y = 0 \Rightarrow V_A$$
$$\Sigma X = 0 \Rightarrow H_B$$

N 図

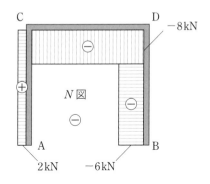

① 柱から解く。

② 柱を握ってつり合いを考える。

③ 圧縮か引張か判断する。

④ 梁の軸方向力は、まず水平力を梁に移動する。

CD 間で材を握ればわかる

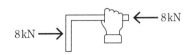

CD 間は圧縮になる

●軸方向力は、材に平行な力

材の途中で握ったとき、つり合うために逆向きの応力が生じる。

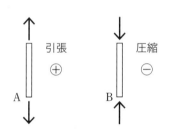

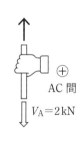

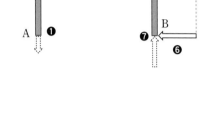
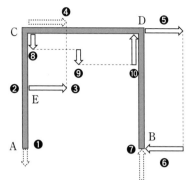

Q図

・Q図は、材に垂直な力を順に描く。

・等分布荷重ではないのですべて横に変化する。

① 柱から描く（❶〜❼）

② ❹ ⇒ ❺ はジャンプする。

③ 次に梁のQ図を描く。

　垂直反力 V_A と V_B を上の梁に移動する（❽）。

④ ❽ ⇒ ❿ で最後にD点に戻る。

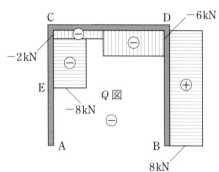

Q図

-2kN

-8kN

-6kN

8kN

M図

・梁を折り曲げたのがラーメン。

・内側が⊕、外側が⊖。

・M図は、A点からスタートしてB点へ戻る。

① Q図の面積が、M図の値になる。

② Q図の面積が⊕の場合、内側に変化。

③ Q図の面積が⊖の場合、外側に変化。

　梁では、1か所の応力が、ラーメンでは、2か所に表現される。

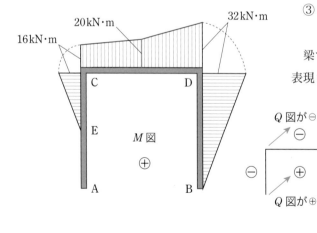

20kN·m

16kN·m

32kN·m

M図

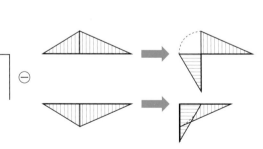

Q図が⊖

Q図が⊕

例題 6.2.1　次のラーメンの応力図をルーティーンに従って完成させなさい。

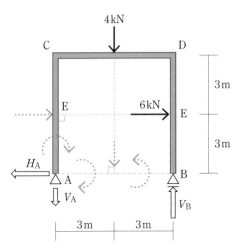

N 図

$\ominus$

● 反力計算

(延長・垂線・移動)

$$\Sigma M_\mathrm{A} = 4 \times 3 + 6 \times 3 - V_\mathrm{B} \times 6 = 0$$
$$V_\mathrm{B} = 5\,\mathrm{kN}\ (\uparrow)$$

Q 図

$\ominus$

M 図

$\oplus$

$V_\mathrm{A} =$ _____

$H_\mathrm{A} =$ _____

1 章
2 章
3 章
4 章
5 章
6 章
7 章
8 章
9 章
10 章
11 章
12 章
13 章
14 章
15 章

例題 6.2.2　次のラーメンの応力図を完成させなさい。

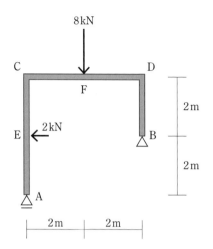

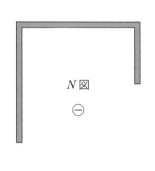

N 図

$\ominus$

● 反力計算

（段差のあるラーメンは、ピンで解く）

Q 図

$\ominus$

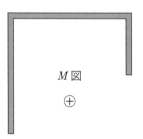

M 図

$\oplus$

$V_A =$ _____

$V_B =$ _____

$H_B =$ _____

6-3 単純梁系ラーメンにモーメント荷重が作用したときの応力図

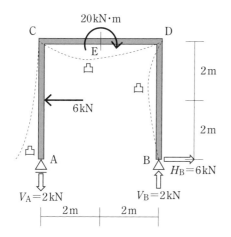

● 反力計算

$$\Sigma M_A = 0 \rightarrow V_B$$
$$\Sigma Y = 0 \rightarrow V_A$$
$$\Sigma X = 0 \rightarrow H_B$$

　針金のフレームを想像し、曲がって膨らんだ形が M 図とほぼ似ている。M 図は、凸側に出てくる。

N 図

　軸方向力は、材に平行な力。

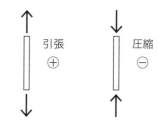

引張 $\oplus$　　圧縮 $\ominus$

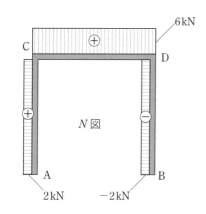

　材の途中で握ったとき、つり合うために逆向きの応力が生じる。

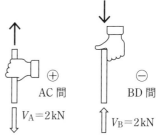

AC 間 $\oplus$　　BD 間 $\ominus$

$V_A = 2\text{kN}$　　$V_B = 2\text{kN}$

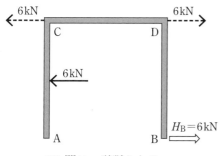

CD 間は、引張となる。

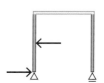

　この場合、梁には軸方向力はかからない。

69

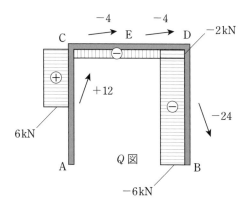

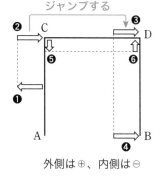

外側は⊕、内側は⊖

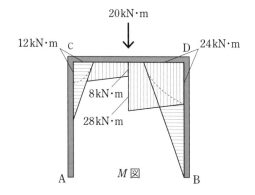

Q 図は、材に垂直な力を順に描く。

・柱を先に処理する（❶ 〜 ❹）。

　0から始まって0で終了する。

　途中 ❷ 〜 ❸ は力をジャンプさせる。

　左 ➡ 左　　右 ➡ 右

・梁も同様に0から始まって0で終了。

・A点、B点に働く反力は、C点、D点に働くとして、Q
図を完成させる。

　❺ 〜 ❻ 途中は、水平移動する。

M 図

① ❶ 〜 ❷ へ Q 図が⊕なので内向き

　勾配は、6

　Q 図の面積は、$6 \times 2 = 12\,\text{kN·m}$

② 梁へ移動するので ❷ 〜 ❸ へ移る。

　内 ➡ 内　　外 ➡ 外　　2か所に表示する

③ ❸ 〜 ❹ は、⊖なので外向き

　勾配は、2

　面積は、$2 \times 2 = 4\,\text{kN·m}$

④ ❹ 〜 ❺ は、20 kN·m

　右回りなので下に変化する。8 kN·m ➡ 28 kN·m

⑤ ❺ 〜 ❻ は、⊖なので外向き

⑥ ❻ 〜 ❼　内 ➡ 内　　　　❼ 〜 ❽　外向き

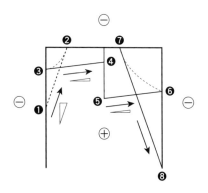

M 図は ❶ からスタートして、❽ へ戻る。

ラーメンの M 図は、内側が⊕、Q 図
の面積の値が⊕の場合、M 図の中心
に向かう。

1章
2章
3章
4章
5章
6章
7章
8章
9章
10章
11章
12章
13章
14章
15章

6-4 単純梁系ラーメンに等分布荷重が作用したときの応力図

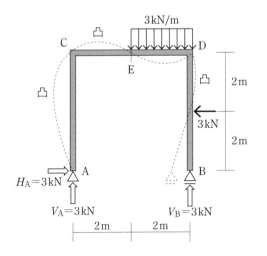

●反力計算

$$\Sigma\ M_\mathrm{A} = 0 \rightarrow V_\mathrm{B}$$
$$\Sigma\ Y\ \ = 0 \rightarrow V_\mathrm{A}$$
$$\Sigma\ X\ \ = 0 \rightarrow H_\mathrm{A}$$

$$\Sigma\ M_\mathrm{A} = 6 \times 3 - 3 \times 2 - V_\mathrm{B} \times 4 = 0$$
$$V_\mathrm{B} = 3\,\mathrm{kN}\ (\uparrow)$$
$$\Sigma\ Y\ \ = V_\mathrm{A} - 6 + 3 = 0$$
$$V_\mathrm{A} = 3\,\mathrm{kN}\ (\uparrow)$$
$$\Sigma\ X\ \ = H_\mathrm{A} - 3 = 0$$
$$H_\mathrm{A} = 3\,\mathrm{kN}\ (\rightarrow)$$

●軸方向力は、材に平行な力

N図

① 柱から解く。

② 柱を握ってつり合いを考える。

③ 圧縮か引張か判断する。

④ 梁の軸方向力は、まず水平反力を梁に移動する。
　AC 間と CD 間で材を握ればわかる。

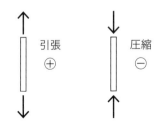

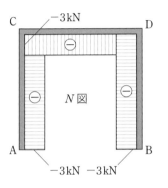

AC 間と CD 間で材を握ればわかる

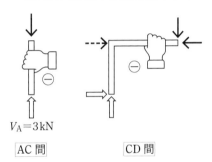

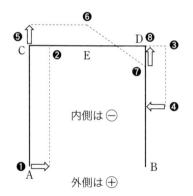

外側は⊕

内側は⊖

Q 図

Q 図は、材に垂直な力を順に描く。

・柱を先に処理する（❶〜❹）。

0 から始まって 0 で終了する。

途中 ❷ 〜 ❸ は力を移行させる。

・梁も同様に 0 から始まって 0 で終了

❻ 〜 ❼ は、斜めに 6 kN 下がる。

最後に V_B で ❽ に戻る。

・A 点、B 点に働く反力は、C 点、D 点に働くとして、Q 図を完成させる。

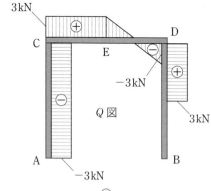

3kN

Q 図

−3kN

3kN

−3kN

M 図

・梁を折り曲げたのがラーメン。

内側が⊕となる。

・M 図は、❶ からスタートして、❼ へ戻る。

① ❶ 〜 ❷ へ Q 図が⊖なので外向き。

勾配は、− 3

Q 図の面積は、$3 \times 4 = 12 \, \text{kN·m}$

② 梁へ移動するので ❷ 〜 ❸ へ移る。

勾配は、3

面積は、$3 \times 2 = 6 \, \text{kN·m}$

12 kN·m から 6 kN·m 下がる。

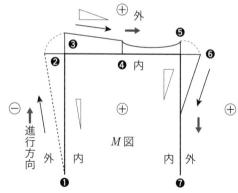

⊕ 外

❹ 内

M 図

⊖

進行方向

外 内 内 外

③ ❹ 〜 ❺ は等分布なので曲線となる。

DE の中央で曲線の頂点となる。

④ Q 図の三角形の面積は、

$3 \times 1 \times 0.5 = 1.5 \, \text{kN·m}$

$6 - 1.5 = 4.5 \, \text{kN·m}$

∴ $M_{max} = 4.5 \, \text{kN·m}$

E

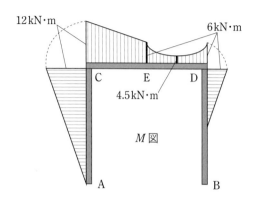

12kN·m

6kN·m

4.5kN·m

M 図

例題 6.4.1　次の応力図を完成させなさい。

例題 6.4.2　次の応力図を完成させなさい。

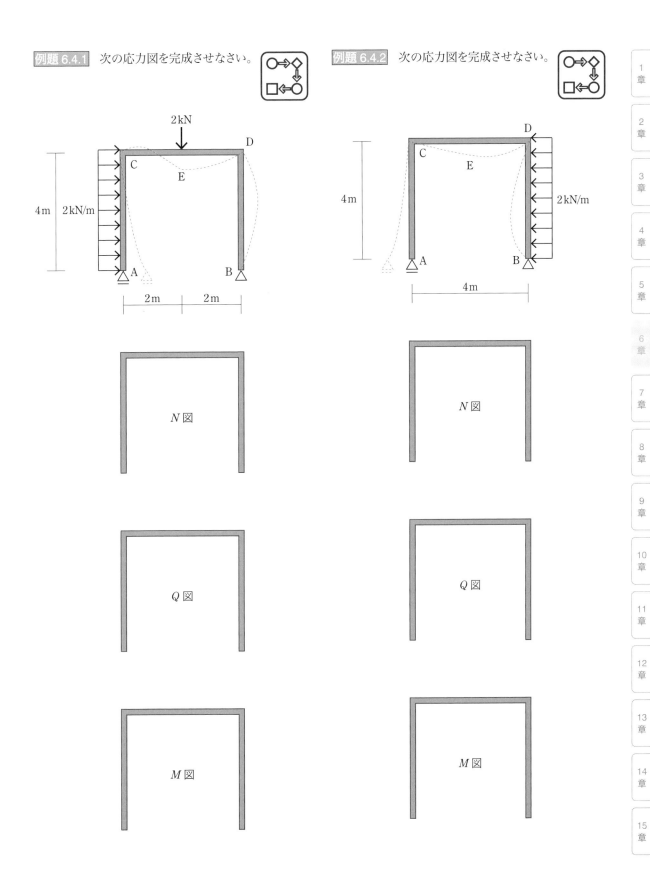

1章
2章
3章
4章
5章
6章
7章
8章
9章
10章
11章
12章
13章
14章
15章

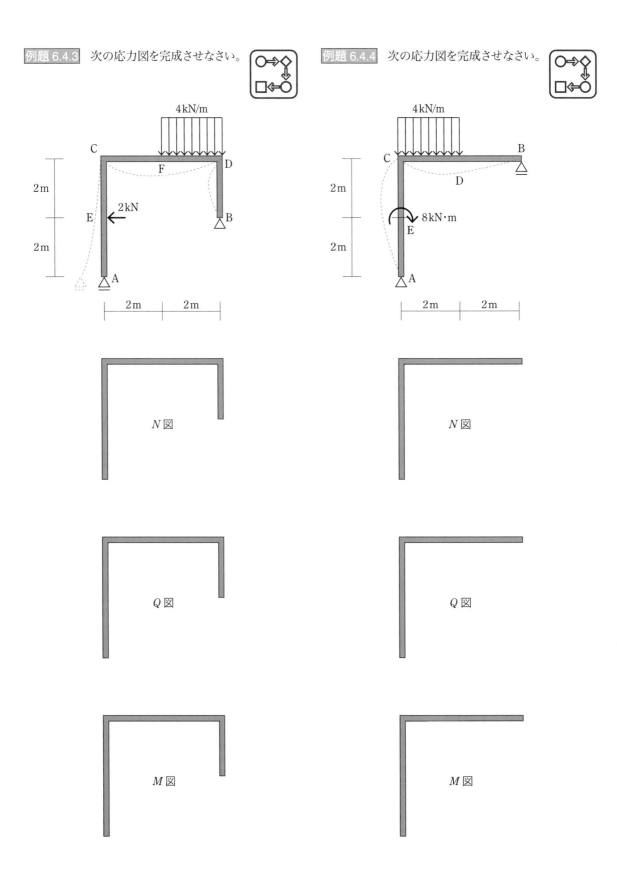

74

1章
2章
3章
4章
5章
6章
7章
8章
9章
10章
11章
12章
13章
14章
15章

6-5 片持ち梁系ラーメンに集中荷重が作用したときの応力図

▶ラーメンの応力図の描き方（ルーティーン）

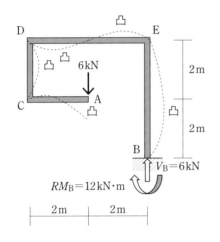

針金のフレームを想像し、曲がって膨らんだ形が M 図とほぼ似ている。M 図は、凸側に出てくる。

●片持ち梁の応力図

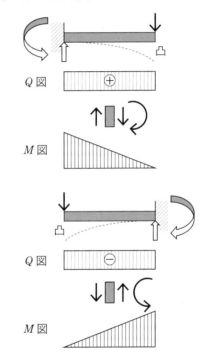

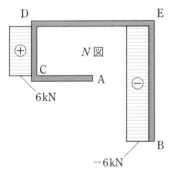

N 図

●軸方向力は、材に平行な力

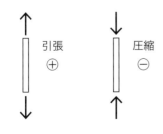

AC 間と DE 間は、材に平行な力はない。

材の途中で握ったとき、つり合うために逆向きの応力が生じる。

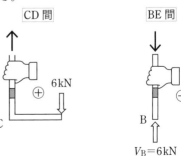

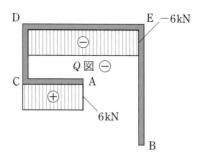

Q図

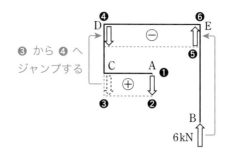

❸ から **❹** へ
ジャンプする

6kN

$V_{\rm B}$ が上に作用すると考える

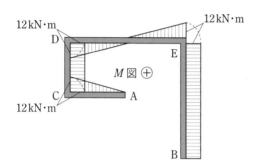

Q図は、材に垂直な力を順に描く。

・柱には、垂直な力はない。

・梁は、❶ から始まって ❻ で終了。

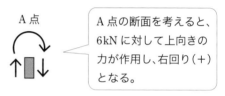

A 点

A 点の断面を考えると、
6kN に対して上向きの
力が作用し、右回り（＋）
となる。

M図

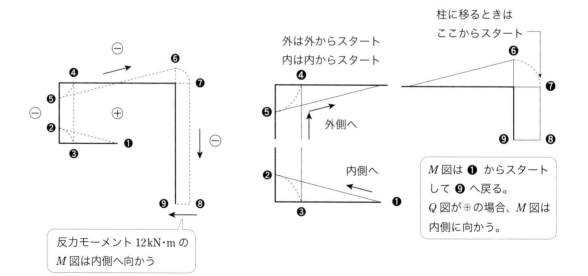

反力モーメント 12kN·m の
M図は内側へ向かう

外は外からスタート
内は内からスタート

外側へ

内側へ

柱に移るときは
ここからスタート

M図は ❶ からスタート
して ❾ へ戻る。
Q図が ⊕ の場合、M図は
内側に向かう。

ラーメンの場合、モーメント荷重 ↻ は、
内側に変化する。

例題 6.5.1 次の応力図を完成させなさい。

● 延長⇒垂線⇒移動 で反力を求める

例題 6.5.2 次の応力図を完成させなさい。

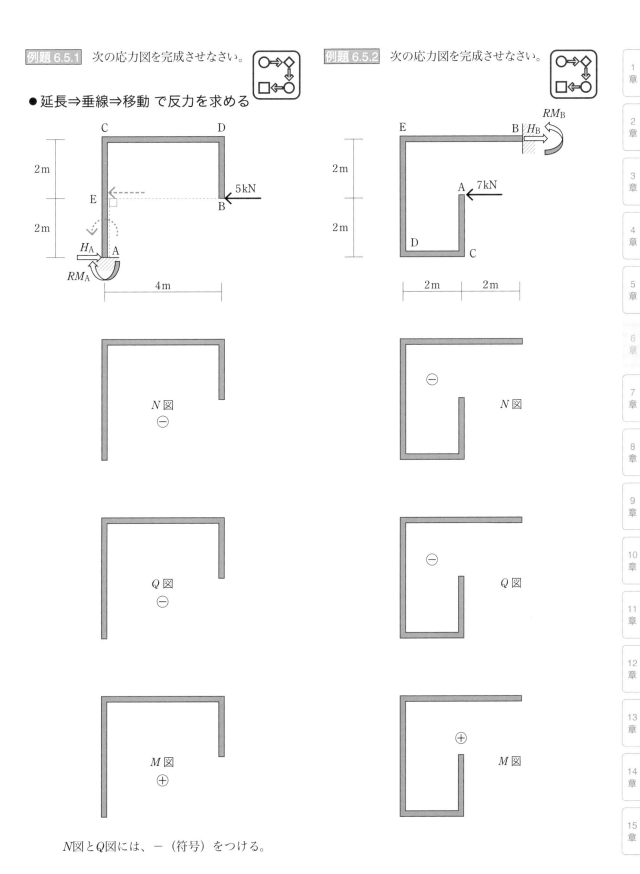

N図とQ図には、－（符号）をつける。

例題 6.5.3 次のラーメンの応力図をルーティーンに従って完成させなさい。

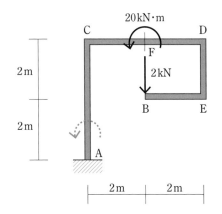

● 反力計算

・モーメント荷重はどこにかかっても同じなので、支点に移動する。

・片持ち梁ラーメンの反力は、押されたら押し返す。

・支点にかかるモーメントの計算は、延長 ⇒ 垂線 ⇒ 移動 で行う。

$$\Sigma M = 0$$
$$\Sigma X = 0$$
$$\Sigma Y = 0$$

$V_A = $ _____

$RM_A = $ _____

N 図と Q 図には、－（符号）をつける。

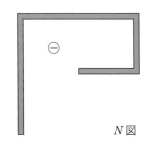

N 図

梁には水平な力はないので、$N = 0$ となる。

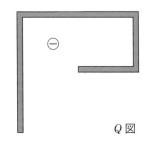

Q 図

柱には垂直な力はないので、$Q = 0$ となる。

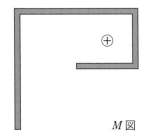

M 図

ラーメンの場合、モーメント荷重 ⟳ は、外側に変化する。

1 章
2 章
3 章
4 章
5 章
6 章
7 章
8 章
9 章
10 章
11 章
12 章
13 章
14 章
15 章

6-6 片持ち梁系ラーメンに等分布荷重が作用したときの応力図

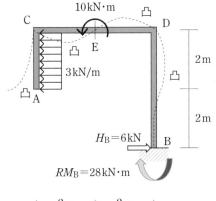

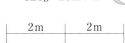

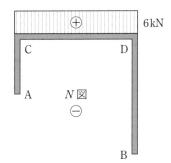

● 反力計算

$$\Sigma M = 0$$
$$\Sigma Y = 0$$
$$\Sigma X = 0$$
$$H_B = 6\,\text{kN} \quad (\rightarrow)$$
$$RM_B = 28\,\text{kN·m} \quad (\curvearrowleft)$$

N 図

・この問題では、柱に平行な力はないので、軸方向力は生じない。

・梁の CD 間では、引張力⊕が生じる。
N 図は、外側が⊕になる。

● 軸方向力は、材に平行な力

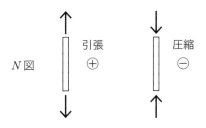

材の途中で握ったとき、つり合うために逆向きの応力が生じる

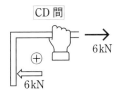

CD 間

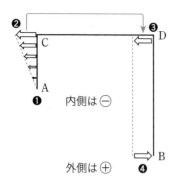

内側は ⊖

外側は ⊕

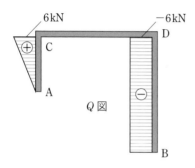

6kN　　　　　　　−6kN

D

C

A

*Q*図

B

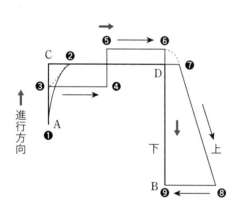

進行方向

C ❷　　❺　　❻

❸　　　　　❹　　D　　❼

A ❶

下　　上

B ❾　　❽

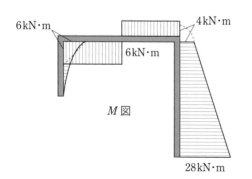

6kN·m　　　　　　　4kN·m

6kN·m

*M*図

28kN·m

---

*Q*図

*Q*図は、材に垂直な力を順に描く。

① 柱を先に処理する（❶～❹）。

　0から始まって0で終了する。

　途中❷～❸は力を移行させる。

② 梁に垂直な力がないので、せん断力は生じない。

※ ❶～❷は、等分布荷重なので直線。左向きの力が徐々に増えると考える。

*M*図

① ❶～❷は二次曲線、*Q*が⊕だから内側に表示。

　AC間は、片持ち梁と同じになる。

② ❷～❸に移る。

③ ❸～❻は水平移動。

④ ❹～❺は、左回りのモーメント荷重で上に変化。

⑤ ❻～❼へ移る。

⑥ ❼～❽は、*Q*が⊖だから外側に変化。

⑦ 最後は、反力モーメント 28 kN·m（⟳）で❾へ戻る。

・C点の*M*図は右図のように、内側からスタート

・D点の*M*図は右図のように、外側からスタート

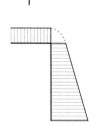

例題 6.6.1 次の応力図を完成させなさい。

例題 6.6.2 次の応力図を完成させなさい。

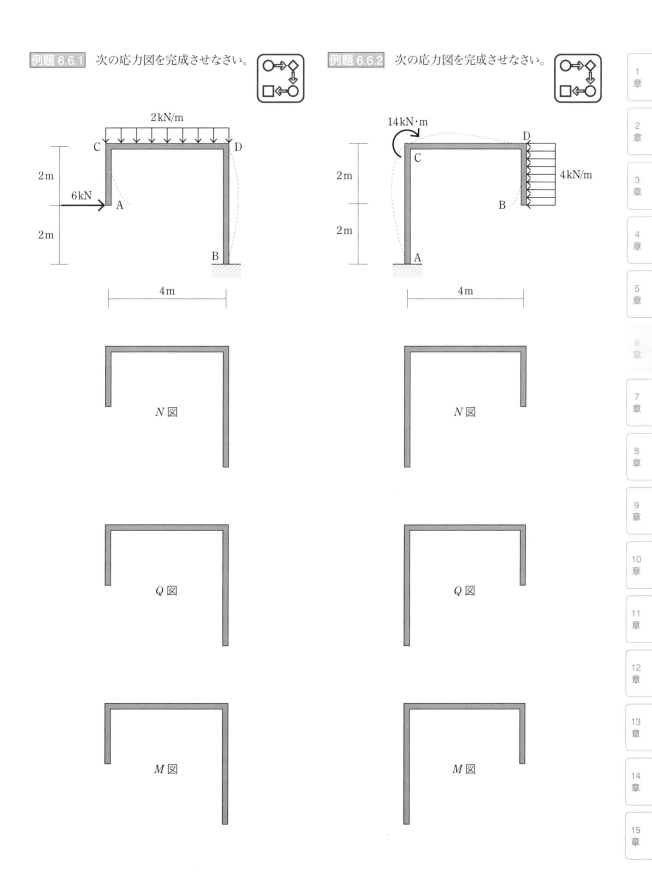

1 章
2 章
3 章
4 章
5 章
6 章
7 章
8 章
9 章
10 章
11 章
12 章
13 章
14 章
15 章

例題 6.6.3　次の応力図を完成させなさい。

例題 6.6.4　次の応力図を完成させなさい。

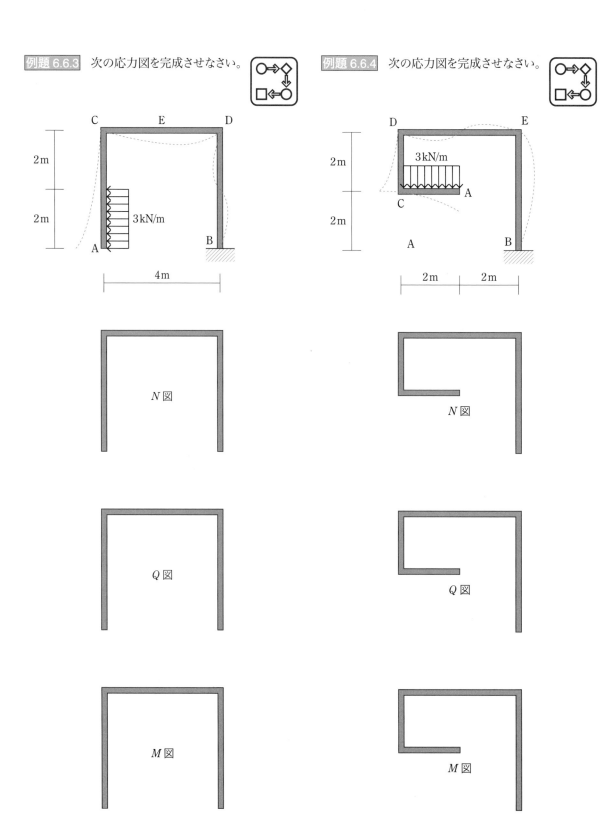

7章

特殊な構造物の
応力図

スリーヒンジラーメンの応力図

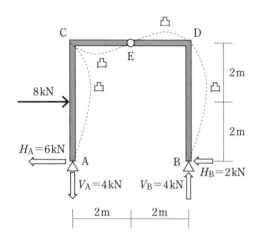

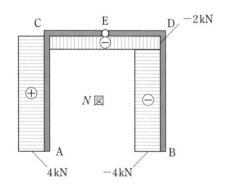

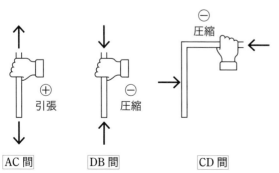

針金のフレームを想像してみよう。曲がって膨らんだ形が M 図とほぼ似ている。

● **反力計算**　M 図は、凸側に出てくる。

$$\Sigma M_\mathrm{A} = 8 \times 2 - V_\mathrm{B} \times 4 = 0$$
$$V_\mathrm{B} = 4\,\mathrm{kN}\ (\uparrow)$$
$$\Sigma M_\mathrm{E右} = -V_\mathrm{B} \times 2 + H_\mathrm{B} \times 4 = 0$$
$$H_\mathrm{B} = 2\,\mathrm{kN}\ (\leftarrow)$$
$$\Sigma Y = -V_\mathrm{A} + 4 = 0$$
$$V_\mathrm{A} = 4\,\mathrm{kN}\ (\downarrow)$$
$$\Sigma X = -H_\mathrm{A} + 8 - 2 = 0$$
$$H_\mathrm{A} = 6\,\mathrm{kN}\ (\leftarrow)$$

N 図

軸方向力は、材に平行な力に着目。

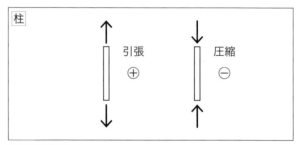

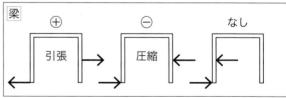

　部材の途中で握って、力のつり合いを考えれば、その材が引張か圧縮かは、判断できる。

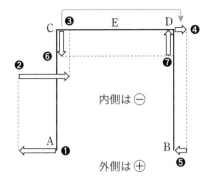

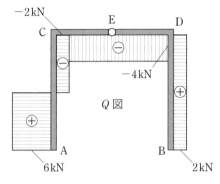

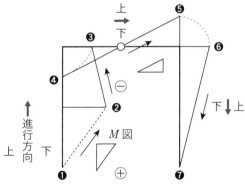

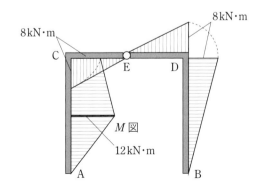

*Q*図

Q 図は、材に垂直な力を順に描く。

・柱を先に処理する（❶〜❺）。

　0から始まって0で終了する。

　途中 ❸〜❹ は力を移行させる。

・梁も同様に0から始まって0で終了。

　支点の反力は、上に移動する。

　❻〜❼ 途中は、水平移動する。

・梁を折り曲げたのがラーメン。

・Q 図が⊕内向き、ラーメンの中心へ。

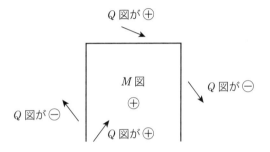

・Q 図が⊖外向き、ラーメンの外へ。

*M*図

M 図は、❶ からスタートして ❼ へ戻る。

① ❶〜❷ へ。

　勾配は、6

　Q 図の面積は、$6 \times 2 = 12\,\text{kN·m}$

② ❷〜❸ は、Q 図が⊖なので、上向き（外へ）

③ 梁へ移動するので ❸〜❹ へ移る。

④ ❹〜❺ は⊖なので、上向き（外へ）

　勾配は、4

　面積は、$4 \times 4 = 16\,\text{kN·m}$

⑤ ❻〜❼ は⊕なので、下向き（内へ）

　勾配は 2

　面積は $4 \times 2 = 8\,\text{kN·m}$

E 点はヒンジなので、$M = 0$ となる。

1章
2章
3章
4章
5章
6章
7章
8章
9章
10章
11章
12章
13章
14章
15章

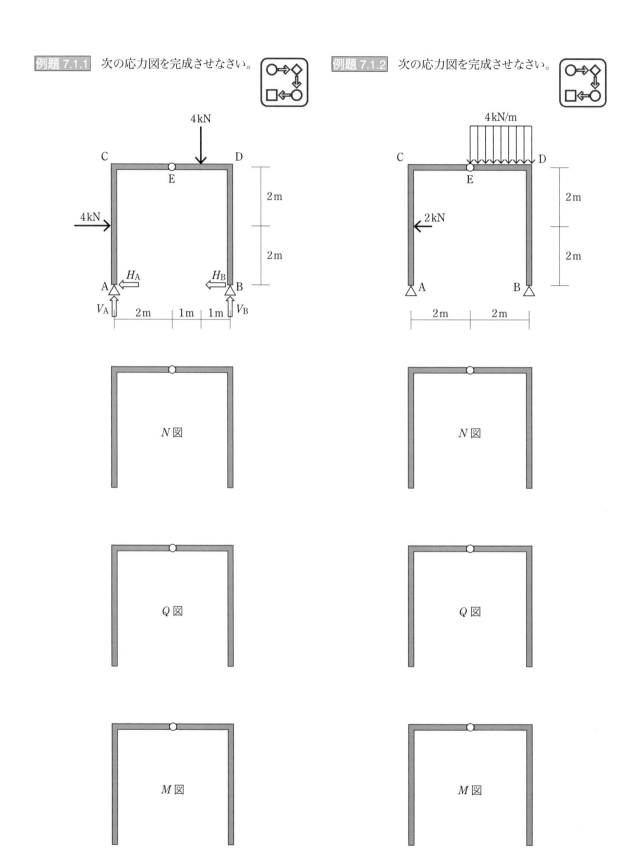

例題 7.1.3 次の応力図を完成させなさい。

例題 7.1.4 次の応力図を完成させなさい。

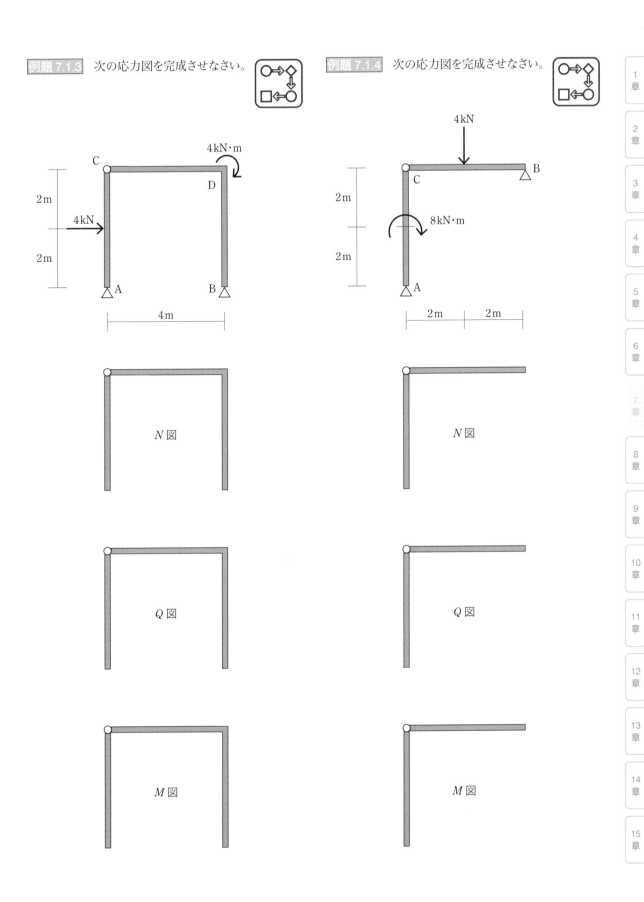

1 章

2 章

3 章

4 章

5 章

6 章

7 章

8 章

9 章

10 章

11 章

12 章

13 章

14 章

15 章

ゲルバー梁とは、梁を滑節点（ヒンジ）でつないだ静定の連続梁のことをいう。

- スリーヒンジと同様、C点の右か左で $\Sigma M_右 = 0$、$\Sigma M_左 = 0$
- 反力の数が一つの方で解く（$\Sigma M = 0$）

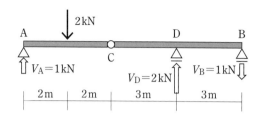

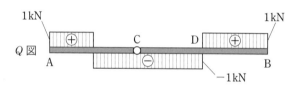

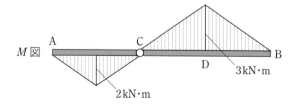

- ヒンジではモーメントは0になる。
- C点の左の反力が一つなので、$\Sigma M_{C左} = 0$
- $\Sigma M_{C左} = V_A \times 4 - 2 \times 2 = 0$

  　$V_A = 1\,\mathrm{kN}$（↑）
- $\Sigma M_B = 1 \times 10 - 2 \times 8 + V_D \times 3 = 0$

  　$V_D = 2\,\mathrm{kN}$（↑）

  　$\Sigma Y\ \ = 1 - 2 + 2 - V_B = 0$

  　　$V_B = 1\,\mathrm{kN}$（↓）

例題 7.2.1 次の梁の応力図を示しなさい。

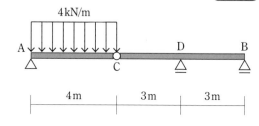

① $\Sigma M_{C左} = -16 \times 2 + V_A \times 4 = 0$

  　$V_A = 8\,\mathrm{kN}$（↑）

② $\Sigma M_B = 8 \times 10 - 16 \times 8 + V_D \times 3 = 0$

  　$V_D = 16\,\mathrm{kN}$（↑）

③ $\Sigma Y = 8 - 16 + 16 - V_B = 0$

  　$V_B = 8\,\mathrm{kN}$（↓）

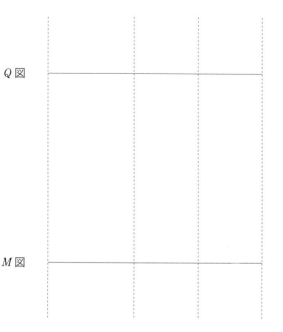

例題 7.2.2 次の梁の応力図を示しなさい。

例題 7.2.3 次の梁の応力図を示しなさい。

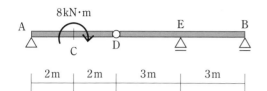

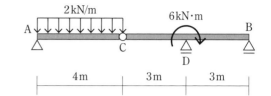

● 反力計算

反力の数が一つの方から解く

$\Sigma M_{D左} = 0 \rightarrow V_A$

$\Sigma M_B = 0 \rightarrow V_E$

$\Sigma Y = 0 \rightarrow V_B$

$V_A =$　　　　kN（　　　）

$V_B =$　　　　kN（　　　）

$V_E =$　　　　kN（　　　）

● 反力計算

$V_A =$　　　　kN（　　　）

$V_B =$　　　　kN（　　　）

$V_D =$　　　　kN（　　　）

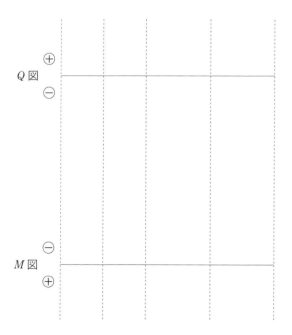

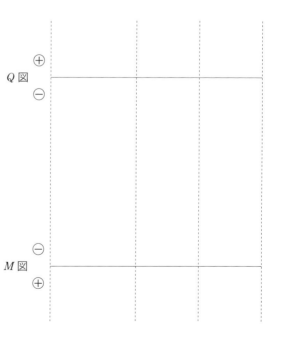

1章
2章
3章
4章
5章
6章
7章
8章
9章
10章
11章
12章
13章
14章
15章

例題 7.2.4　次の応力図を完成させなさい。

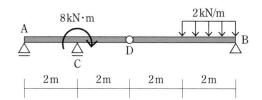

例題 7.2.5　次の応力図を完成させなさい。

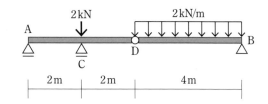

● 反力計算

$V_A =$ 　　　　kN（　　）

$V_B =$ 　　　　kN（　　）

$V_C =$ 　　　　kN（　　）

● 反力計算

$V_A =$ 　　　　kN（　　）

$V_B =$ 　　　　kN（　　）

$V_C =$ 　　　　kN（　　）

Q 図　⊕　⊖

M 図　⊖　⊕

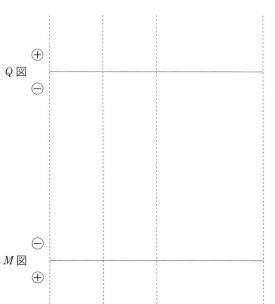

1章
2章
3章
4章
5章
6章
7章
8章
9章
10章
11章
12章
13章
14章
15章

7-3 M図から外力を求める

7-2で示した荷重から、せん断力図 ➡ モーメント図の描き方の逆の操作を行う。

例題 7.3.1 図のようなモーメント図となる外力と反力を表しなさい。

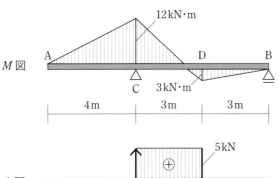

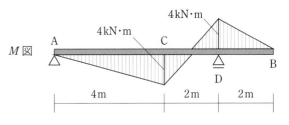

① M図の勾配からQ図を描く。

AC 間　勾配： − 3

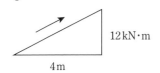

CD 間　勾配：5

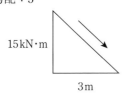

DB 間　勾配： − 1

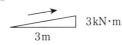

② Q図から荷重図を完成させる。

① M図の勾配からQ図を描く。

AC 間

CD 間

DB 間

② Q図から荷重図を完成させる。

▶ラーメンのモーメント図から外力と反力を求める

① M図の勾配を求める。

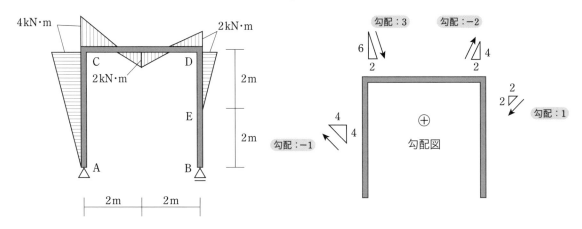

② 勾配の値がQ図の大きさになる。

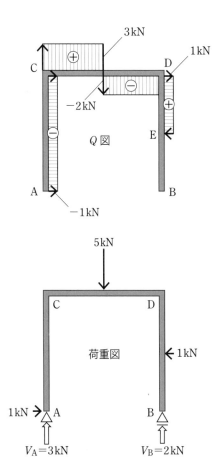

傾きがラーメンの内側の場合は⊕、
外側なら⊖となる。

③ Q図は、材に垂直な力を順に描く。

・柱を先に処理する。

  Aから始まってBで終了する。

  途中C〜Dは1kNを移行させる。

・梁も同様にCから始まってDで終了。

  途中は、水平移動する。CとDにかかる3kNと2kN
  は反力となる。

④ せん断力図は、外力と反力を表している。

前章までの流れは、構造物にかかる外
力に対して反力を求め、部材の内部に
生じる、せん断力、曲げモーメントな
どの応力を図に表現することだった。
この章では、この流れの逆の操作を行
ったということである。

例題 7.3.2 図のようなモーメント図となる外力と反力を表しなさい。

● M 図の勾配を記入

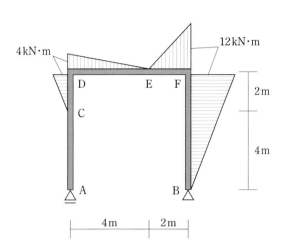

勾配図

Q 図

① M 図の勾配から Q 図を描く。

荷重図

② Q 図から荷重図を完成させる。

1章
2章
3章
4章
5章
6章
7章
8章
9章
10章
11章
12章
13章
14章
15章

8章

トラス

8-1 図解でトラス部材の軸方向力を求める方法（節点法）

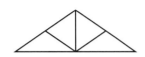

　トラスとは、部材を三角形で構成し、接点がピン（ヒンジ）の骨組みをいう。

　トラスでは、部材に生じる力が N（軸方向力）のみで Q（せん断力）や M（モーメント）は、生じないものとする。Q と M が生じない特徴があるので大空間や高層の建築物に利用されている。

　トラスを解くとは、部材に生じる軸方向力の大きさを求めることである。

　節点法は、各節点でつり合いの3条件式から部材の軸方向力を求める方法であるが、この章では、数式を極力使用せずに図解で求めていく。

●図解で求まる理由

　つり合いの3条件とは、$\Sigma X = 0$、$\Sigma Y = 0$、$\Sigma M = 0$ である。各節点において力の矢印が、この条件を満たすことである。力の三角形（多角形）の力の矢印が閉じるということは、つり合いの3条件が成り立つということである。

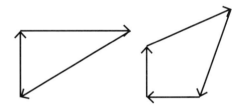

 簡単に部材応力（引張・圧縮・0部材）が求まるケース

ケース ① **Tゾーン（Lゾーン）**

部材の反対方向に部材も力もない場合は0部材（力0）となる。

ケース ② **行って戻ってゾーン**

単純に $\Sigma X = 0$、$\Sigma Y = 0$ からつり合いを考える。

ケース ③ **十字ゾーン**

単純に $\Sigma X = 0$、$\Sigma Y = 0$ からつり合いを考える。

ケース ④ **三角ゾーン**

節点を中心に力の矢印が閉じる。

1章

2章

3章

4章

5章

6章

7章

8章

9章

10章

11章

12章

13章

14章

15章

ほとんどのトラスの問題は、先ほどの ケース$\boxed{1}$～$\boxed{4}$ の操作で解くことができる。

つり合い式 $\Sigma X = 0$、$\Sigma Y = 0$ から三角関数を使った数式で解くこともできるが、図式で解く方が、早く確実に部材応力を求められる。

例えば、下のトラスの5本の部材の応力を ケース$\boxed{1}$～$\boxed{4}$ を使って求めていこう。

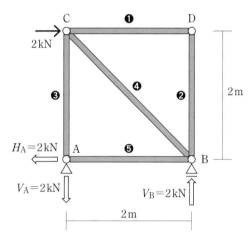

ケース$\boxed{1}$　Tゾーン（Lゾーン）

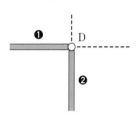

・節点DはLゾーン。

・反対側に部材がないので応力は生じない。❶と❷は0部材になる。

ケース$\boxed{3}$　十字ゾーン

単純に $\Sigma X = 0$、$\Sigma Y = 0$ からつり合っている。❸❺ともに引張である。

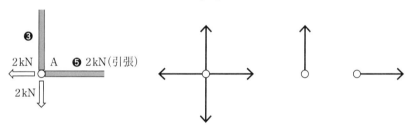

ケース$\boxed{4}$　三角ゾーン

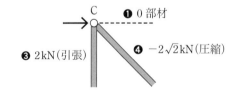

節点Cでは、❶の部材が0部材だったので、部材がないのと同じになる。したがって、節点Cは三角ゾーンになる。

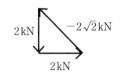

・矢印が閉じれば、3力はつり合っている。

・45°の三角形は $1:1:\sqrt{2}$。

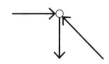

つり合った3力をもう一度節点Cに移動する。

→○	：矢印が節点に向かう材を圧縮⊖とする
○→	：矢印が節点から出ていく材を引張⊕とする

例題 8.1.1　次のトラスを解きなさい。

トラスを解くとは、部材に生じる軸方向力を求めることである。

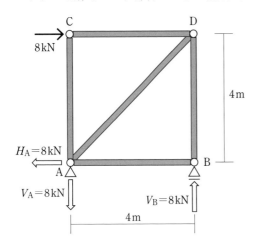

● 反力計算

$$\Sigma M_A = 8 \times 4 - V_B \times 4 = 0$$
$$V_B = 8\,\text{kN}\ (\uparrow)$$
$$\Sigma Y = -V_A + 8 = 0$$
$$V_A = 8\,\text{kN}\ (\downarrow)$$
$$\Sigma X = 8 - H_A = 0$$
$$H_A = 8\,\text{kN}\ (\leftarrow)$$

● 各節点のつり合いを考える

節点 B

・BD 材は、$-8\,\text{kN}$。

・反力 $8\,\text{kN}$ に対して節点方向に $8\,\text{kN}$ かかる圧縮材（⊖）
とする。

・AB 材は、0 部材となる。

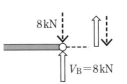

⟹○：圧縮材は矢印が
節点に向かう

節点 C

・外力 $8\,\text{kN}$ に対して節点方向に $8\,\text{kN}$（⊖）かかる。

・AC 材は、0 部材となる。

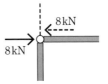

節点 D

・節点 D で 3 力がつり合うということは、矢
印が閉じるということである。

・引張材は、矢印が節点から離れる。

・引張材（⊕）とする。

・AD 材は、$8\sqrt{2}\,\text{kN}$。

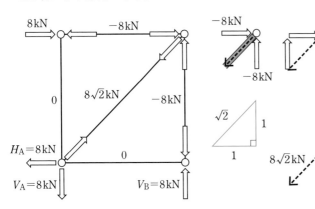

1章
2章
3章
4章
5章
6章
7章
8章
9章
10章
11章
12章
13章
14章
15章

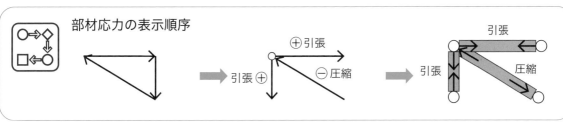
部材応力の表示順序

引張 ⊕
⊖ 圧縮

引張
引張 圧縮

例題 8.1.2 次のトラスを解きなさい。

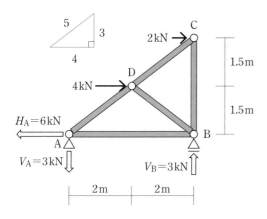

① 反力は「**3-6 トラスの反力**」(p.37) の要領で解く。

3:4:5 の三角形であることを確認する。

② 節点にかかる力の数が少ないところ（三角形が描けるところ）から解いていく。

③ 求めた力の矢印の方向は、そのまま節点に移動する。

節点 C

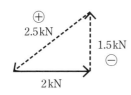

節点 B

BC 材は圧縮 1.5 kN となったので、節点 B には下向き 1.5 kN が生じる。結果、上向き 1.5 kN が生じる。

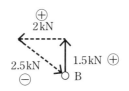

→○ : 圧縮材。⊖ をつける

○→ : 引張材。⊕ をつける

節点 A 力の三角形を描く。

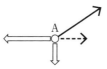

● 解 答

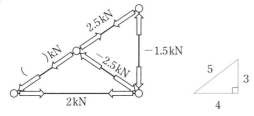

例題 8.1.3 次のトラスを解きなさい。

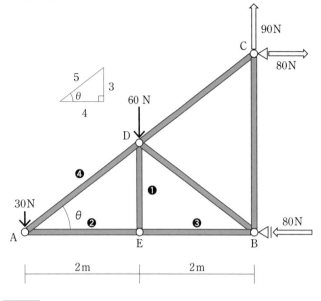

● 反力計算

$\Sigma M_B = 0$

$\Sigma X = 0$

$\Sigma Y = 0$　　で解く。

節点 E

　節点 E は、T ゾーン。反対側に部材がないので、❶は 0 部材。

　節点 E は、行って戻ってゾーン、❷❸ ともに圧縮。

節点 A

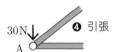

節点 B　力の三角形で求める。

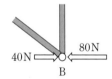

節点 C

　力の三角形で CD 材の応力を求め、解答を完成させる。

節点 C の図式

● 解 答

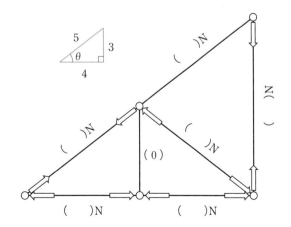

100

例題 8.1.4　次のトラスを解きなさい。その際、下のトラスの各部材 ❶ 〜 ❺ に生じる軸力が引張か圧縮か
を判断しなさい。

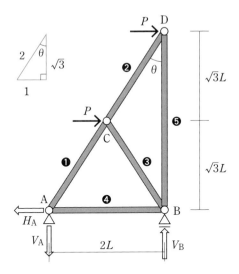

● 反力計算

$$\Sigma M_{\mathrm{A}} = P \times \sqrt{3}L + P \times 2\sqrt{3}L - V_{\mathrm{B}} \times 2L = 0$$

$$V_{\mathrm{B}} = \frac{3\sqrt{3}P}{2} \quad (\uparrow)$$

$$V_{\mathrm{A}} = \frac{3\sqrt{3}P}{2} \quad (\downarrow)$$

$$H_{\mathrm{A}} = 2P \quad (\leftarrow)$$

● 各節点のつり合いを考える

〈簡単なところから解く〉

ケース①〜④ から解いていく。力の三角形が描ければ
答えはすぐにわかる。

節点 D　力の三角形

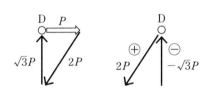

節点 B　力の三角形

● 解 答

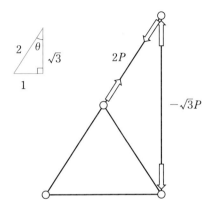

節点 A　力の三角形

▶静定トラス (切断法) 単純梁

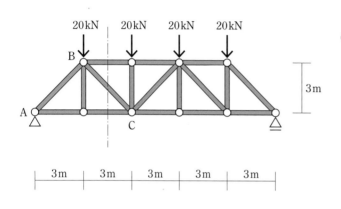

●切断法（ルーティーン）

① 求めたい部材のところで切断する。

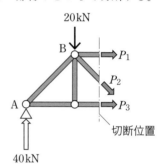

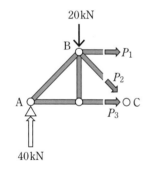

② 切断した箇所に $P_1 \sim P_3$ の引張力⊕がかかっていると仮定する（⊖は圧縮）。

③ 切断した左側だけで　$\Sigma M = 0$　$\Sigma Y = 0$　$\Sigma X = 0$

④ $\Sigma M_\mathrm{B} = 40\,\mathrm{kN} \times 3\,\mathrm{m} - P_3 \times 3\,\mathrm{m} = 0$

$\quad P_3 = 40\,\mathrm{kN}$（引張）

⑤ $\Sigma M_\mathrm{C} = 40\,\mathrm{kN} \times 6\,\mathrm{m} - 20\,\mathrm{kN} \times 3\,\mathrm{m} + P_1 \times 3\,\mathrm{m} = 0$

$\quad P_1 = -60\,\mathrm{kN}$（圧縮）⊖ということは、仮定と逆、圧縮ということである。

⑥ P_2 は 45° の角度があるので、水平と垂直方向に分解できる。

$\quad P_2$ は図式で解く。

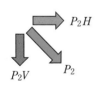

●切断した左側の $\Sigma Y = 0$ を図で表すと

P_2 の垂直成分 $P_2 V$ は下向き $20\,\mathrm{kN}$

P_2 は、$P_2 V$ の $\sqrt{2}$ 倍

●解 答

$P_1 = 60\,\mathrm{kN}$（圧縮）

$P_2 = 20\sqrt{2}\,\mathrm{kN}$（引張）

$P_3 = 40\,\mathrm{kN}$（引張）

1 章

2 章

3 章

4 章

5 章

6 章

7 章

8 章

9 章

10 章

11 章

12 章

13 章

14 章

15 章

例題 8.2.1　AB 材と AC 材に生じる軸方向力を求めよ（引張は⊕、圧縮は⊖）。

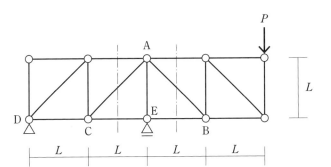

45° の三角形（$1:1:\sqrt{2}$）

AB 材

ルーティーン①　AB 材で切断する

ルーティーン②　軸方向力を仮定する

ルーティーン⑥　図式で求める

AB 材の軸方向力＝＿＿＿＿

AC 材　反力を求める　　$\Sigma M_D = 0 \to V_E$　　$\Sigma Y = 0 \to V_D$

ルーティーン①　AC 材で切断する

ルーティーン②　軸方向力を仮定する

AC 材の軸方向力＝＿＿＿＿

例題 8.2.2　❶ ～ ❸ の材に生じる軸方向力を求めよ（引張は⊕、圧縮は⊖）。

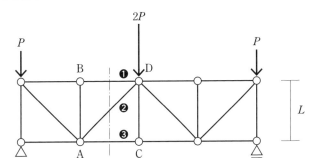

・反力は左右対称

・ルーティーンに従って解いていく

　　$\Sigma M_A = 0$（切断線の左）→ ❶

　　$\Sigma M_D = 0$（切断線の左）→ ❸

　　$\Sigma Y = 0$　→ ❷（図式で解く）

・$\Sigma M_A = 0$ で計算すると ❷ ❸ は消去される。

・$\Sigma M_D = 0$ で計算すると ❶ ❷ は消去される。

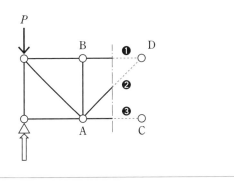

❶ の軸方向力＝＿＿＿＿

❷ の軸方向力＝＿＿＿＿

❸ の軸方向力＝＿＿＿＿

例題 8.2.3 　❶ 〜 ❺ の材に生じる軸方向力を求めよ（引張は ⊕、圧縮は ⊖）。

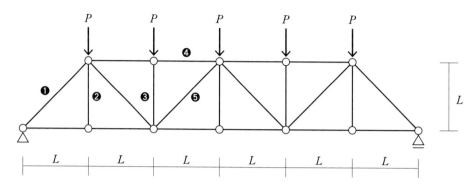

　・反力は、左右対称
　　　　　　　　・ルーティーンに従って解いていく

❶ 図式で解く（節点法）

❷ T ゾーン

❸ 行って戻ってゾーン

❹ ❺ 切断法で解く

❶の軸方向力＝＿＿＿＿＿

❷の軸方向力＝＿＿＿＿＿

❸の軸方向力＝＿＿＿＿＿

❹の軸方向力＝＿＿＿＿＿

❺の軸方向力＝＿＿＿＿＿

9章

断面の力学的特性

建築を学んでいる皆さんにとっては、次に挙げることは周知のことだろう。

① 木造の梁の形は梁幅に対し、梁せいが大きく縦長となっている。。

② 木造住宅の耐力壁は XY 方向に均等に配置する。

③ RC 造の梁のスパンが大きくなると、梁せいは大きくなる。

しかし、これらのことは、部材断面の形や材質などによって異なる。

この章においては、それらを知るための準備として、断面の力学的特性を表す数値を求める。図心、重心、剛心すべて意味が違うが、図心とは、A 図の中心位置である。しかし、B 図のような形になると単純に中心位置にはならない。図心位置は、B 図のように移動する。

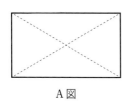

A図

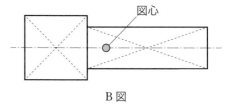

図心

B図

9-1 断面一次モーメントと図心

図心を求めるには、断面一次モーメントを使用する。

断面一次モーメント ＝ 断面積 × 断面の図心位置から軸までの距離

例題 9.1.1　次の L 型断面の図心の位置 $(X_0、Y_0)$ を求めよ。

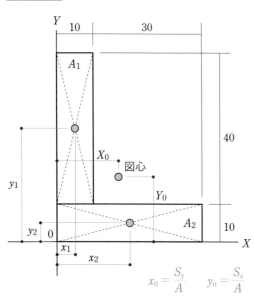

$x_0 = \dfrac{S_y}{A}$　　$y_0 = \dfrac{S_x}{A}$

① $A_1 = 10 \times 40 = 400$ 〔mm²〕

② $A_2 = 10 \times 40 = 400$ 〔mm²〕

● 面積の合計

③ $A = A_1 + A_2 = 800$ 〔mm²〕

● X 軸に関する断面一次モーメント

④ $S_x = A_1 \cdot y_1 + A_2 \cdot y_2 = 400 \times 30 + 400 \times 5 = 14000$〔mm³〕

● Y 軸に関する断面一次モーメント

⑤ $S_y = A_1 \cdot x_1 + A_2 \cdot x_2 = 400 \times 5 + 400 \times 20 = 10000$〔mm³〕

● 図心位置

⑥ $x_0 = \dfrac{S_y}{A} = \dfrac{10000}{800} = 12.5$ 〔mm〕

⑦ $y_0 = \dfrac{S_x}{A} = \dfrac{14000}{800} = 17.5$ 〔mm〕

例題 9.1.2　次の L 型断面の図心の位置 $(X_0、Y_0)$ を求めよ。

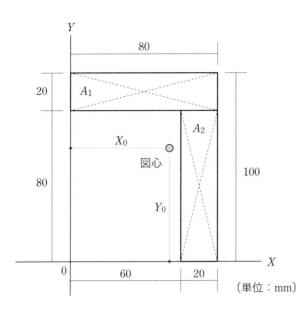

① $A_1 =$ ＿＿＿＿＿ $[mm^2]$

② $A_2 =$ ＿＿＿＿＿ $[mm^2]$

③ $A = A_1 + A_2 =$ ＿＿＿＿＿ $[mm^2]$

④ $S_x = A_1 \cdot y_1 + A_2 \cdot y_2 =$ ＿＿＿＿＿ $[mm^3]$

⑤ $S_y = A_1 \cdot x_1 + A_2 \cdot x_2 =$ ＿＿＿＿＿ $[mm^3]$

⑥ $x_0 = \dfrac{S_y}{A} =$ ＿＿＿＿＿ $[mm]$

⑦ $y_0 = \dfrac{S_x}{A} =$ ＿＿＿＿＿ $[mm]$

例題 9.1.3　次の断面の図心の位置 $(X_0、Y_0)$ を求めよ（答えは小数第一位）。

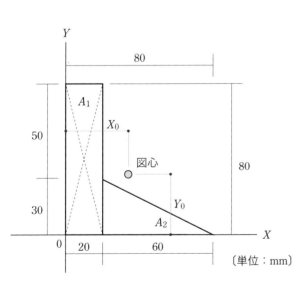

① $A_1 =$ ＿＿＿＿＿ $[mm^2]$

② $A_2 =$ ＿＿＿＿＿ $[mm^2]$

③ $A = A_1 + A_2 =$ ＿＿＿＿＿ $[mm^2]$

④ $S_x = A_1 \cdot y_1 + A_2 \cdot y_2 =$ ＿＿＿＿＿ $[mm^3]$

⑤ $S_y = A_1 \cdot x_1 + A_2 \cdot x_2 =$ ＿＿＿＿＿ $[mm^3]$

⑥ $x_0 = \dfrac{S_y}{A} =$ ＿＿＿＿＿ $[mm]$

⑦ $y_0 = \dfrac{S_x}{A} =$ ＿＿＿＿＿ $[mm]$

1 章
2 章
3 章
4 章
5 章
6 章
7 章
8 章
9 章
10 章
11 章
12 章
13 章
14 章
15 章

例題 9.1.4 次の断面の図心の位置 $(X_0、Y_0)$ を求めよ（答えは小数第一位）。

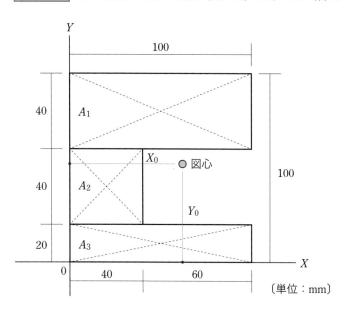

（単位：mm）

① $A_1 =$　　　　　　　　　　　　　　　　　　　　　　　　　　_____〔mm²〕

② $A_2 =$　　　　　　　　　　　　　　　　　　　　　　　　　　_____〔mm²〕

③ $A_3 =$　　　　　　　　　　　　　　　　　　　　　　　　　　_____〔mm²〕

④ $A = A_1 + A_2 + A_3 =$　　　　　　　　　　　　　　　　　　_____〔mm²〕

⑤ $S_x = A_1 \cdot y_1 + A_2 \cdot y_2 + A_3 \cdot y_3 =$

　　　　　　　　　　　　　　　　　　　　　　　　　　　　　　_____〔mm³〕

⑥ $S_y = A_1 \cdot x_1 + A_2 \cdot x_2 + A_3 \cdot x_3 =$

　　　　　　　　　　　　　　　　　　　　　　　　　　　　　　_____〔mm³〕

⑦ $x_0 = \dfrac{S_y}{A} =$　　　　　　　　　　　　　　　　　　　　_____〔mm〕

⑧ $y_0 = \dfrac{S_x}{A} =$　　　　　　　　　　　　　　　　　　　　_____〔mm〕

1 章
2 章
3 章
4 章
5 章
6 章
7 章
8 章
9 章
10 章
11 章
12 章
13 章
14 章
15 章

9-2 断面二次モーメント

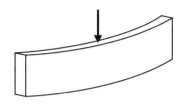 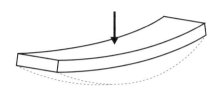

同じ部材でも横長に配置した右側の方が曲がりやすいのは、理解できると思う。

断面二次モーメントとは、部材の曲げ、たわみ、座屈などの変形に関係した係数である。

図心軸に関する断面二次モーメント $\qquad I_x = \dfrac{bh^3}{12}$

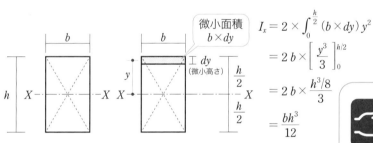

$$I_x = 2 \times \int_0^{\frac{h}{2}} (b \times dy)\, y^2$$

$$= 2\,b \times \left[\frac{y^3}{3}\right]_0^{h/2}$$

$$= 2\,b \times \frac{h^3/8}{3}$$

$$= \frac{bh^3}{12}$$

☞
$$I_X = \underset{\text{(微小面積)}}{(b \cdot dy)} \times \underset{\text{(図心軸までの距離の2乗)}}{y^2} \ \text{の合計}$$

例題9.2.1　次の断面の X 軸、Y 軸に関する断面二次モーメントを求めよ。

☞ 図心軸が X 軸（Y 軸）を通る場合は、加算・減算が可能

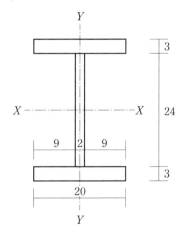

● X 軸に関する断面二次モーメント

図心が X 軸を通るので減算が可能。

・$I_x = I_{xA} - 2I_{xB}$

A　　B　B

$$I_x = 20 \times \frac{30^3}{12} - 2 \times 9 \times \frac{24^3}{12} = 24264 \ (\text{mm}^4)$$

図心が Y 軸を通るので加算が可能。

・$I_Y = I_{YA} + 2I_{YB}$

$$I_Y = 24 \times \frac{2^3}{12} + 2 \times 3 \times \frac{20^3}{12} = 4016 \ (\text{mm}^4)$$

例題 9.2.2 次の断面の図心 G を通る水平な X_0 軸に対する断面二次モーメント I_{x0} を求めなさい。

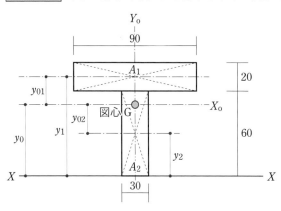

① 図心 (y_0) を求める

$A_1 = 90 \times 20 = 1800$ 〔mm²〕

$A_2 = 30 \times 6 = 1800$ 〔mm²〕

$A = A_1 + A_2 = 1800 + 1800 = 3600$ 〔mm²〕

$S_x = A_1 \cdot y_1 + A_2 \cdot y_2 = 1800 \times 70 + 1800 \times 30$

$\quad = 180000$ 〔mm³〕

$y_0 = \dfrac{S_x}{A} = \dfrac{180000}{3600} = 50$ 〔mm〕

② 図心軸から離れた平行軸に関しての断面二次モーメント

$$I_{x0} = \frac{bh^3}{12} + A \cdot y_0{}^2$$

③ 図心軸から離れた二つの長方形の断面二次モーメント

$$I_{x0} = \frac{bh^3}{12} + A \cdot y_0 1^2 + \frac{bh^3}{12} + A \cdot y_0 2^2$$

$$I_{x0} = I_{x1} + I_{x2} = \left(90 \times \frac{20^3}{12} + 1800 \times 20^2\right) + \left(30 \times \frac{60^3}{12} + 1800 \times 20^2\right) = 2040000 \text{〔mm}^4\text{〕}$$

$$= 2.04 \times 10^6 \text{〔mm}^4\text{〕}$$

 図心軸 X_0 と A_1 と A_2 の軸との間隔は、20 mm なので $y_{01} = y_{02} = 20$ mm となる。

例題 9.2.3 ① と ② の X 軸に関する断面二次モーメントを求めなさい（答えは少数第一位）。

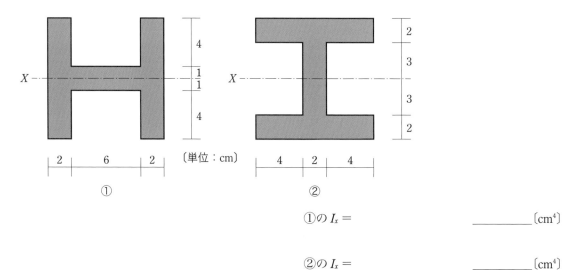

（単位：cm）

① ②

①の $I_x =$ ＿＿＿＿＿＿〔cm⁴〕

②の $I_x =$ ＿＿＿＿＿＿〔cm⁴〕

例題 9.2.4 ①と②の X 軸に関する断面二次モーメントの差を求めなさい（答えは少数第一位）。

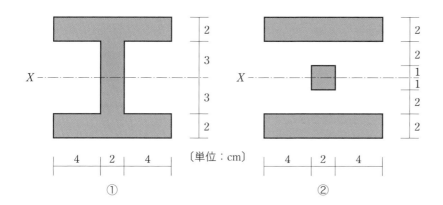

〔単位：cm〕

①　　　　　　　　②

I_x の差＝＿＿＿＿＿＿〔cm^4〕

例題 9.2.5 X 軸に関する断面二次モーメントを求めなさい（答えは少数第一位）。

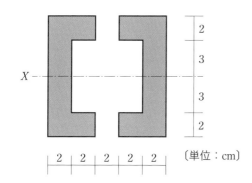

〔単位：cm〕

I_x ＝＿＿＿＿＿＿〔cm^4〕

 図心軸が X 軸を通る長方形の場合のみ減算が可能。

1章
2章
3章
4章
5章
6章
7章
8章
9章
10章
11章
12章
13章
14章
15章

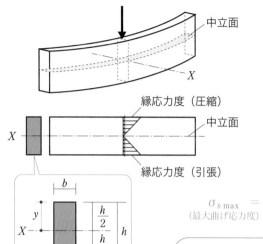

中立面

縁応力度（圧縮）

中立面

X

縁応力度（引張）

梁に外力がかかって材に曲げモーメントが生じると断面の中立面を境に上部には圧縮、下部には引張の応力が発生する。要するに材が曲がると圧縮力と引張力が同時に作用するということである。

このときの断面の最大曲げ応力度は、一番端の圧縮縁と引張縁で生じる。

このときの最大曲げ応力度を求めるには、断面係数の値が必要になってくる。

（図心（X 軸）に関する断面二次モーメント）

$$\underset{\text{(最大曲げ応力度)}}{\sigma_{b\,\max}} = \frac{M_{\max}}{Z\,\text{(断面係数)}} \qquad \underset{\text{(断面係数)}}{Z_X} = \frac{I_X}{y}$$

（中立軸より断面の縁端までの距離）

長方形断面の場合は　$y = \dfrac{h}{2}$

$$Z_X = \frac{I_X}{y} = \frac{bh^3/12}{h/2} = \frac{bh^2}{6}$$

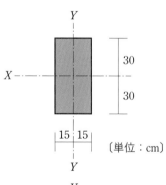

（単位：cm）

例題 9.3.1　左図の断面係数 Z_x と Z_y を求めよ。

$Z_x =$ ＿＿＿＿＿＿

$Z_y =$ ＿＿＿＿＿＿

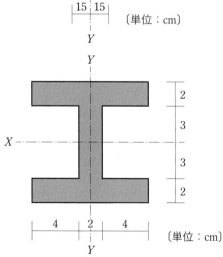

（単位：cm）

例題 9.3.2　左図の断面係数 Z_x と Z_y を求めよ（答えは少数第一位）。

$I_x = I_{xA} - 2I_{xB} = 689 \ [\text{cm}^4]$

$Z_x =$ ＿＿＿＿＿＿

$I_Y = I_{YA} + 2I_{YB} = 337 \ [\text{cm}^4]$

$Z_y =$ ＿＿＿＿＿＿

10章

応力度

10-1 軸応力度（引張応力度・圧縮応力度）

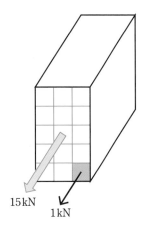

15kN　1kN

断面（15 mm²）に 15 kN の引張力が生じているとき、断面 1 mm² に対しては、1 kN の引張力が生じていることになる。

単位面積（1 mm²）あたりの応力を応力度という。

応力度の単位は、N/mm² であり、これが式となる。

応力度は、$\dfrac{\text{力}〔\text{N}〕}{\text{断面積}〔\text{mm}^2〕}$

 軸方向力（材軸方向に生じる力）〔N〕に対する応力度は、$\dfrac{\text{力}}{\text{断面積}}$ であるが、せん断力と曲げモーメントに対する応力度は、この式では求められない。

● 垂直応力度

$$\overset{シグマ}{\sigma} = \frac{\text{力}}{\text{断面積}} = \frac{N}{A} = \frac{P}{A} \ (\text{N/mm}^2)$$

σ_t：引張応力度

σ_c：圧縮応力度

P ：力

A ：断面積

例題 10.1.1 下図の引張応力度 σ_t を求めよ。

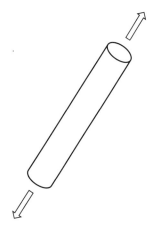

13.5kN
（直径＝ϕ24 mm（断面積 450 mm²））

 単位〔N/mm²〕は、計算式を表している。

$\sigma_t =$ ＿＿＿＿＿〔N/mm²〕

1章
2章
3章
4章
5章
6章
7章
8章
9章
10章
11章
12章
13章
14章
15章

10-2 ひずみ度と応力度の関係

▶ 1 ひずみとひずみ度

部材に引張力が作用すると部材は伸びる。伸びた長さを**ひずみ**という。

伸びた割合 $\left(\dfrac{\text{ひずみ}}{\text{元の長さ}} \right)$ を**ひずみ度**（ε：イプシロン）という。

軸方向のひずみ度を縦ひずみ度という。

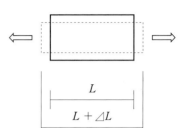

$$\underset{(\text{ひずみ度})}{\varepsilon} = \frac{\triangle L}{L} = \frac{\text{ひずみ}}{\text{元の長さ}} \quad [\text{mm/mm} \quad \text{単位はなし}]$$

例題 10.2.1　引張力 P を受ける材長 $1\,\text{m}$ のロープが、$1.0005\,\text{m}$ に伸びた。ロープの縦ひずみ度を求めよ。

$$\varepsilon = \frac{\triangle L}{L} =$$

$$\varepsilon = \underline{\hspace{3cm}}$$

例題 10.2.2　エレベーターケーブルの縦ひずみ度が、0.0067 であるとき、長さ $40\,\text{m}$ のエレベーターケーブルの伸び（$\triangle L$）を求めよ。

$$\varepsilon = \frac{\triangle L}{L} \qquad \triangle L = \varepsilon \times L =$$

$$\triangle L = \underline{\hspace{3cm}}$$

▶ 2 ヤング係数

部材にかかる力と伸びは、ある程度まで比例関係にある（フックの法則）。その力と伸びの関係係数をヤング係数（E）という。

$$\underset{\text{(ヤング係数)}}{E} = \frac{\sigma\text{（応力度）}}{\varepsilon\text{（ひずみ度）}} = \frac{P}{A} \div \frac{\triangle L}{L} = \frac{P \cdot L}{A \cdot \triangle L}$$

分数式の変形は、自由にできるようになっておこう。

$$A \cdot \triangle L = \frac{P \cdot L}{E} \quad \Longrightarrow \quad \triangle L = \frac{P \cdot L}{A \cdot E}$$

例題 10.2.3　長さ 4 m、断面 30 cm 角のコンクリート柱に 1800 kN の圧縮力を加えたときの縮み量を求めよ。ただし、$E = 2 \times 10^4\,\text{N/mm}^2$ とする。

$$\triangle L = \underline{\hspace{3cm}}$$

例題 10.2.4　長さ 10 m、ϕ 16（$A = 200\,\text{mm}^2$）の鉄筋が、引張力 40 kN により 10 mm 伸びた。
この材のヤング係数を求めよ。

$$E = \underline{\hspace{3cm}}$$

例題 10.2.5　長さ 8 m、ϕ 16（200 mm²）の鉄筋が、引張力 50 kN により何 mm 伸びるか計算せよ。ただし、$E = 2 \times 10^5\,\text{N/mm}^2$ とする。

$$\triangle L = \underline{\hspace{3cm}}$$

1 章
2 章
3 章
4 章
5 章
6 章
7 章
8 章
9 章
10 章
11 章
12 章
13 章
14 章
15 章

10-3 曲げ応力度

　梁に外力が作用すると、梁は変形し曲げモーメントが生じる。この際、断面の変形量は、中立軸からの距離に比例し、この断面には、垂直な応力度が生じる。この垂直応力度を曲げ応力度という。

　材の縁の曲げ応力度が最大となり、これを最大曲げ応力度（$\sigma_{b\max}$）という。

※ σ_b の b は、曲げ（bending）の意味

材が曲がると中立軸を境に、圧縮と引張が同時に断面に作用する。

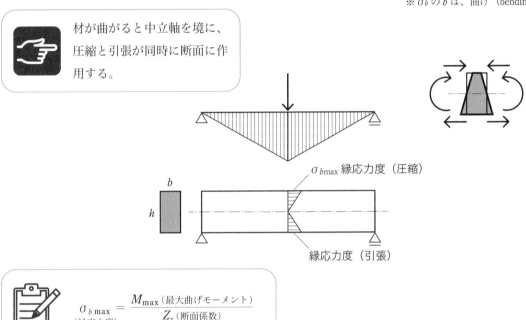

$\sigma_{b\max}$ 縁応力度（圧縮）

b
h

縁応力度（引張）

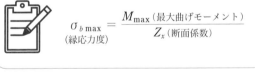

$$\sigma_{b\max} \atop (\text{縁応力度}) = \frac{M_{\max}(\text{最大曲げモーメント})}{Z_x(\text{断面係数})}$$

1 mm² N

曲げ応力度の単位
〔N/mm²〕

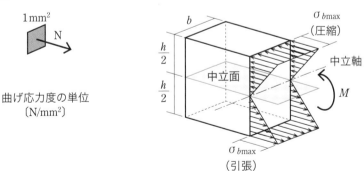

b
$\dfrac{h}{2}$
$\dfrac{h}{2}$
中立面

$\sigma_{b\max}$（圧縮）
中立軸
M

$\sigma_{b\max}$（引張）

長方形断面の場合　$Z_x(\text{断面係数}) = \dfrac{bh^2}{6}$

10-4 せん断応力度

梁に外力が作用すると、梁は変形し、せん断力が生じる。このときA点の中立面上の断面には、側面にせん断応力度（τ：タウ）が右回りに生じる。それに対して回転を抑えるために、上下面には左回りのせん断応力度（τ）が生じる。

せん断応力度は、中立面で最大となり、端で0になる。

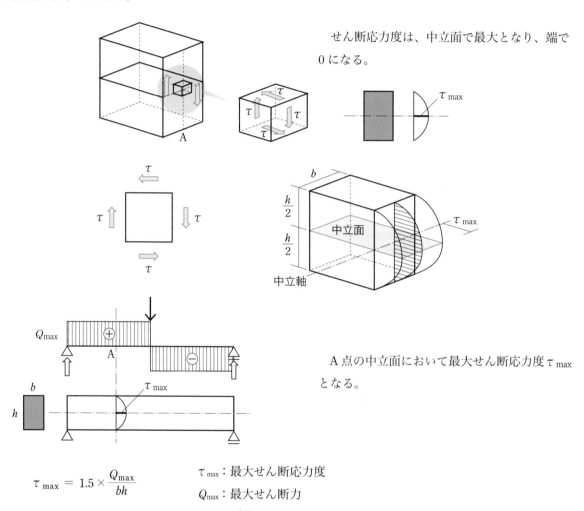

A点の中立面において最大せん断応力度 τ_{max} となる。

$$\tau_{max} = 1.5 \times \frac{Q_{max}}{bh}$$

τ_{max}：最大せん断応力度
Q_{max}：最大せん断力
bh：面積A

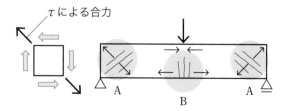

崩壊時の部材に生じるAの亀裂は、τの斜めの合力による45°の亀裂。Bの亀裂は、σ_{bmax}による引張側の垂直の亀裂。

例題 10.4.1 下図のように片持ち梁に等分布荷重が作用したときの A 断面における最大曲げ応力度 $\sigma_{b\max}$ と最大せん断応力度 $\tau_{\max}$ を求めなさい。

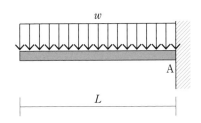

長方形断面の場合

$$Z_{x\,(\text{断面係数})} = \frac{bh^2}{6}$$

$$\sigma_{b\max} \atop (\text{縁応力度}) = \frac{M_{\max\,(\text{最大曲げモーメント})}}{Z_{x\,(\text{断面係数})}}$$

$$\sigma_{b\max} = \underline{\qquad}$$

$$\tau_{\max} \atop (\text{最大せん断応力度}) = 1.5 \times \frac{Q_{\max}}{bh}$$

$$\tau_{\max} = \underline{\qquad}$$

例題 10.4.2 下図のように単純梁に等分布荷重が作用したときの A 点に生じる最大曲げ応力度 $\sigma_{b\max}$ を求めなさい。

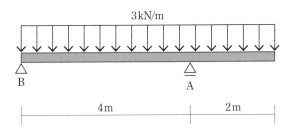
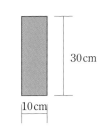

① A 点のモーメントの値を求める。

（A 点の右側だけ考えればいい）

$$M_A = \underline{\qquad}$$

② 断面係数を求める。

$$Z_x = \underline{\qquad}$$

③ A 点の曲げ応力度を求める。

$$\sigma_{b\max} = \underline{\qquad}$$

$$\sigma_{b\max} = \underline{\qquad} \ [\text{N/mm}^2]$$

10-5 許容応力度

　構造物を安全に設計するためには、部材に生じる応力度が部材の強度を超えないことが条件となる。この際、部材の強度の限界までの応力度を採用することはない。材料は常時一律の強度を持続することはできない。

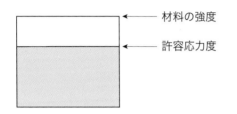
材料の強度
許容応力度

　経年劣化・材料の疲れ・クリープ・施工不良・さびなどで、材料の強度は日々減少することを考慮に入れなければならない。
　そこで部材の設計時は、材料の強度から一定率割り引いた強度（許容応力度）を採用する。

$$許容応力度 = \frac{材料の強度}{材料の安全率}$$

① 基準強度と許容応力度

　構造物の設計の際に採用する材料の強度を基準強度という。鋼材・コンクリートなど材料によって基準度の取り扱いは異なる。

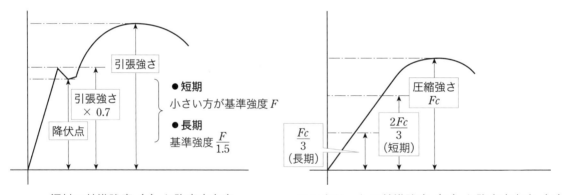

鋼材の基準強度（F）と許容応力度　　　　コンクリートの基準強度（Fc）と許容応力度（fc）

② 長期許容応力度と短期許容応力度

　構造物にかかる荷重には二種類ある。構造物の部材自体の荷重（固定荷重・積載荷重）などを長期荷重という。また、地震や台風のような突発的に一時的にかかるかかる荷重を短期荷重という。

　これらの二種類の荷重に対して安全チェックを行う。したがって、部材の許容応力度には、長期と短期の二種類あるということである。

●鋼材の許容応力度

短期：引張強さの 0.7 倍と降伏点強度の小さい方の値

長期：短期の $\frac{1}{1.5}$ の値

●コンクリートの許容応力度

短期：圧縮強さの $\frac{2}{3}$ の値

長期：圧縮強さの $\frac{1}{3}$ の値

③ 垂直応力度に対しての安全確認

$$\sigma_t\,(\text{引張応力度}) = \frac{P\,(\text{引張力})\,[\text{N}]}{A\,(\text{断面積})\,[\text{mm}^2]} \leqq f_t\,(\text{許容引張応力度})\,[\text{N/mm}^2]$$

引張：tension

$$\sigma_c\,(\text{圧縮応力度}) = \frac{P\,(\text{圧縮力})\,[\text{N}]}{A\,(\text{断面積})\,[\text{mm}^2]} \leqq f_c\,(\text{許容圧縮応力度})\,[\text{N/mm}^2]$$

圧縮：compression

④ 曲げ応力度に対しての安全確認

$$\underset{(\text{最大曲げ応力度})}{\sigma_{b\,\max}} = \frac{M_{\max}}{Z_x} \leqq f_b\,(\text{許容曲げ応力度})$$

曲げ：bending

$M_{\max}$：最大曲げモーメント

Z_x　：X軸に関する断面係数

⑤ せん断応力度に対しての安全確認

$$\underset{(\text{最大せん断応力度})}{\tau_{\max}} = 1.5 \times \frac{Q_{\max}}{bh} \leqq f_s\,(\text{許容せん断応力度})$$

せん断：shear

$Q_{\max}$：最大せん断力

bh　：材断面の面積

1章
2章
3章
4章
5章
6章
7章
8章
9章
10章
11章
12章
13章
14章
15章

例題 10.5.1　$w = 6\,\text{kN/m}$ の等分布荷重が作用する単純梁に赤松の断面（$10\,\text{cm} \times 30\,\text{cm}$）を使用した場合の安全性を検討せよ。

●赤松の長期許容曲げ応力度・長期許容せん断応力度

$$f_b = 10.34\,\text{N/mm}^2 \qquad\qquad f_s = 0.88\,\text{N/mm}^2$$

$w = 6\,\text{kN/m}$

4m

$M_{\max}$

$\oplus$　$\ominus$

　すべての単位をNとmmに直して計算する。

　$1\,[\text{kN}\cdot\text{m}] = 10^6\,[\text{N}\cdot\text{mm}]$

① 最大曲げモーメント　$M_{\max} = \dfrac{wL^2}{8} =$ _____ 〔kN・m〕

② 最大せん断力　$Q_{\max} = \dfrac{wL}{2} =$ _____ 〔kN〕

③ 断面係数　$Z_x = \dfrac{bh^2}{6} =$ _____ 〔mm³〕

④ 曲げ応力度に対しての安全確認

$$\underset{\text{(最大曲げ応力度)}}{\sigma_{b\,\max}} = \frac{M_{\max}}{Z_x} \leqq f_b\,(\text{許容曲げ応力度}) = 10.34\,\text{N/mm}^2$$

$$\sigma_{b\max} = \text{_____} \ [\text{N/mm}^2]$$

⑤ せん断応力度に対しての安全確認

$$\underset{\text{(最大せん断応力度)}}{\tau_{\max}} = 1.5 \times \frac{Q_{\max}}{bh} \leqq f_s\,(\text{許容せん断応力度}) = 0.88\,\text{N/mm}^2$$

$$\tau_{\max} = \text{_____} \ [\text{N/mm}^2]$$

1 章
2 章
3 章
4 章
5 章
6 章
7 章
8 章
9 章
10 章
11 章
12 章
13 章
14 章
15 章

10-6 組み合わせ応力度

▶圧縮力と曲げモーメントが同時に作用する場合

梁の先端に鉛直荷重と水平荷重が断面の図心に作用した場合、接地面には軸方向応力度・曲げ応力度・せん断応力度が同時に作用する。

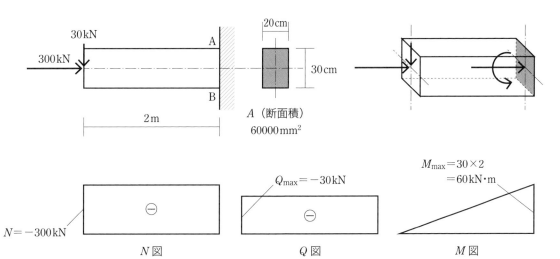

① 軸方向応力度（圧縮応力度）

$$\underset{(圧縮応力度)}{\sigma_c} = \frac{P_{(圧縮力)}\,[\mathrm{N}]}{A_{(断面積)}\,[\mathrm{mm}^2]} = \frac{300000\,[\mathrm{N}]}{60000\,[\mathrm{mm}^2]} = 5\,[\mathrm{N/mm}^2]$$

② 曲げ応力度

$$\underset{(断面係数)}{Z_x} = \frac{bh^2}{6} = \frac{200 \times 300^2}{6} = 3 \times 10^6\,[\mathrm{mm}^3]$$

$$\underset{(最大曲げモーメント)}{M_{\max}} = 30\,\mathrm{kN} \times 2\,\mathrm{m} = 30000\,\mathrm{N} \times 2000\,\mathrm{mm} = 6 \times 10^7\,[\mathrm{N \cdot mm}]$$

$$\underset{(縁応力度)}{\sigma_{b\,\max}} = \frac{M_{\max\,(最大曲げモーメント)}}{Z_{x\,(断面係数)}} = \frac{6 \times 10^7}{3 \times 10^6} = 20\,[\mathrm{N/mm}^2]$$

▶圧縮応力度と曲げ応力度の組み合わせ

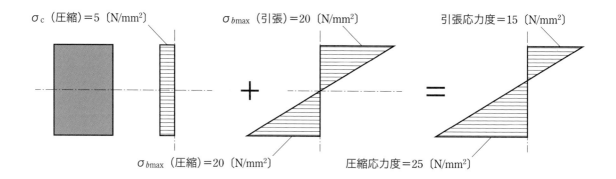

σ_c（圧縮）＝5〔N/mm²〕 $\sigma_{b\max}$（引張）＝20〔N/mm²〕   引張応力度＝15〔N/mm²〕

$\sigma_{b\max}$（圧縮）＝20〔N/mm²〕   圧縮応力度＝25〔N/mm²〕

③ 最大せん断応力度

$$\underset{(\text{最大せん断応力度})}{\tau_{\max}} = 1.5 \times \frac{Q_{\max}}{bh} = 1.5 \times \frac{30000\,\text{N}}{60000\,\text{mm}^2} = 0.75\,〔\text{N/mm}^2〕$$

 長方形断面のせん断応力度 τ の一般式

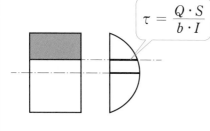

$$\tau = \frac{Q \cdot S}{b \cdot I}$$

Q：梁のせん断力

S：中立軸について網掛けの部分の断面一次モーメント

b：梁幅

I：中立軸についての断面二次モーメント

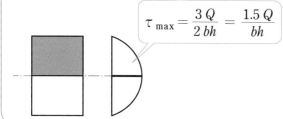

$$\tau_{\max} = \frac{3Q}{2bh} = \frac{1.5Q}{bh}$$

$$S = \frac{bh}{2} \times \frac{h}{4} = \frac{bh^2}{8}$$

$$I = \frac{bh^3}{12}$$

1章
2章
3章
4章
5章
6章
7章
8章
9章
10章
11章
12章
13章
14章
15章

例題 10.6.1　下図のように脚部で固定された柱の頂部に鉛直荷重Pと水平荷重Qが作用している。この2力は、断面の図心に作用しているものとする。柱脚部断面に生じる引張縁応力度と圧縮縁応力度を求めよ。

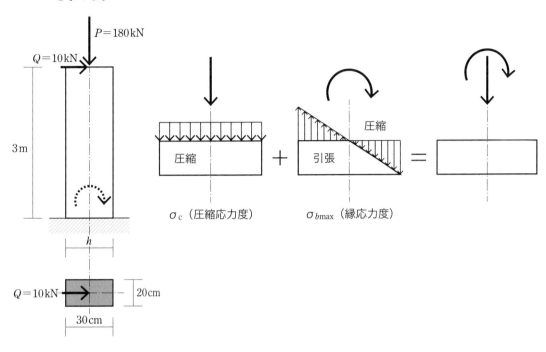

① σ_c（圧縮応力度）$= \dfrac{P\,(\text{圧縮力})\,[\text{N}]}{A\,(\text{断面積})\,[\text{mm}^2]} =$

② $Z_x \atop (\text{断面係数})$ $= \dfrac{bh^2}{6} =$

③ $\sigma_{b\,\max} \atop (\text{縁応力度})$ $= \dfrac{M_{\max}\,(\text{最大曲げモーメント})}{Z_x\,(\text{断面係数})} =$

④ 圧縮と曲げの応力度分布を足し合わせて組み合わせ応力度分布図を完成させる。

　　　　◇引張縁応力度＝＿＿＿＿＿＿〔N/mm²〕

　　　　◇圧縮縁応力度＝＿＿＿＿＿＿〔N/mm²〕

例題 10.6.2 　下図のように脚部で固定された柱の頂部に鉛直荷重 P と水平荷重 Q が作用している。この 2 力は、断面の図心に作用しているものとする。柱脚部断面に生じる引張縁応力度と圧縮縁応力度を求めよ。

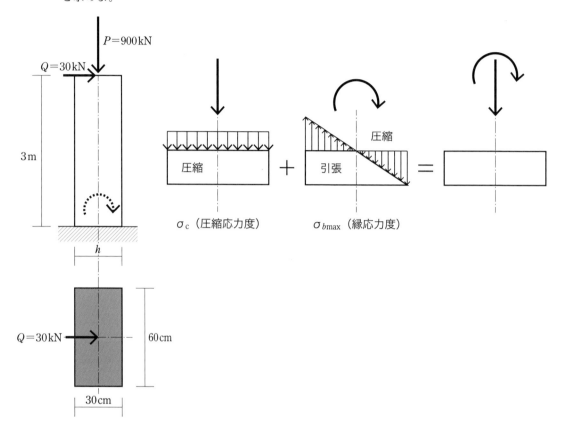

① σ_c（圧縮応力度）$= \dfrac{P\,（圧縮力）\,〔\mathrm{N}〕}{A\,（断面積）\,〔\mathrm{mm}^2〕} =$

② Z_x（断面係数）$= \dfrac{bh^2}{6} =$

③ $\sigma_{b\,\mathrm{max}}$（縁応力度）$= \dfrac{M_{\mathrm{max}}\,（最大曲げモーメント）}{Z_x\,（断面係数）} =$

④ 圧縮と曲げの応力度分布を足し合わせて組み合わせ応力度分布図を完成させる。

◇引張縁応力度＝＿＿＿＿＿〔N/mm²〕

◇圧縮縁応力度＝＿＿＿＿＿〔N/mm²〕

11章

座 屈

11-1 座屈の特徴

　構造物への荷重を徐々に増加させると、ある荷重で急に変形が増大し、大きなたわみを生ずることがある。この現象を座屈という。

　構造物に座屈現象を引き起こし始める荷重を弾性座屈荷重という。圧縮荷重を受ける柱の場合、材料、断面形状、荷重の条件が同じであっても、弾性座屈荷重は柱の長さに依存するため、短い柱（短柱）では座屈を起こさず、長い柱（長柱）のみに発生する。

短柱

長柱

11-2 座屈荷重

$$P_k = \frac{\pi^2 EI}{L_k^2}$$

P_k：弾性座屈荷重（座屈し始める荷重）
E：ヤング係数
I：断面二次モーメント
L_k：座屈長さ

座屈し始める荷重（座屈荷重）は、EI（曲げ剛性）に比例し、座屈長さ（変形する部材の長さ）の2乗に反比例する。

11-3 座屈方向と座屈軸（強軸と弱軸）

　最も曲げづらい、かつ図心を通る軸を強軸といい、断面二次モーメントは最大になる。強軸に直交する軸が弱軸となり、断面二次モーメントは最小になる。弱軸は曲げ荷重に対して最も抵抗が小さい軸で、座屈は弱軸に対して生じる。

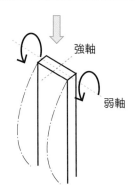
強軸
弱軸

11-4 座屈長さ

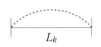

L_k

座屈長さは変形する部材の長さで部材や支点によって拘束されている点間の距離をいう。

・変形後の弓の長さが座屈長さ（L_k）となる。

・両端の拘束状態によって座屈長さは変化する。

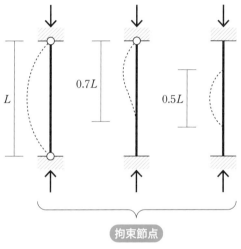

拘束節点
節点は移動しない

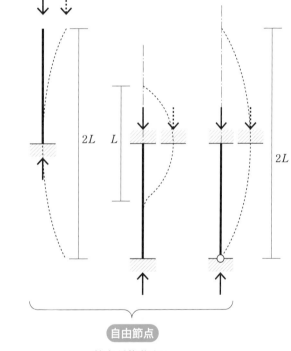

自由節点
節点が移動する

固定端　ピン支持

● 梁の剛性が無限大の場合

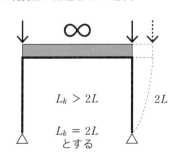

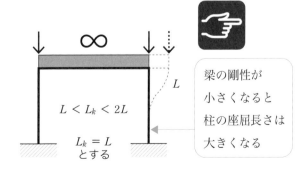

梁の剛性が
小さくなると
柱の座屈長さは
大きくなる

例題 11.4.1　次の圧縮材の座屈長さ（L_k）を求めよ。

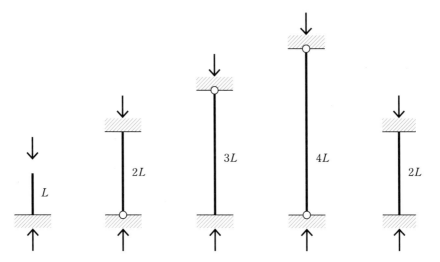

① $L_k =$ _____

② $L_k =$ _____

③ $L_k =$ _____

④ $L_k =$ _____

⑤ $L_k =$ _____

例題 11.4.2　次の圧縮材の座屈長さ（L_k）を求めよ。

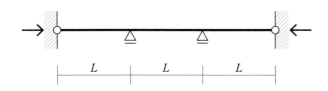

 ローラーは、ピンと同じく回転拘束はない。

$L_k =$ _____

例題 11.4.3 次の構造物の弾性座屈荷重 P_1、P_2、P_3 の大小関係を大きい順に示しなさい。

 ③は梁両端が水平拘束されているので両端固定と同じ。

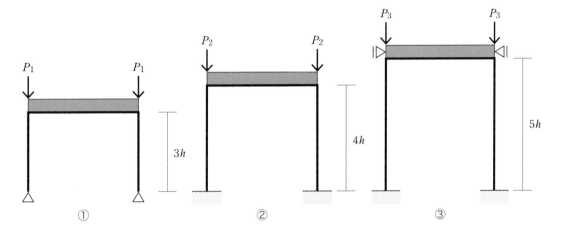

弾性座屈荷重の大きい順 （　　　）（　　　）（　　　）

例題 11.4.4 次の構造物の弾性座屈荷重 P_1、P_2、P_3 の大小関係を大きい順に示しなさい。

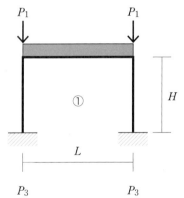

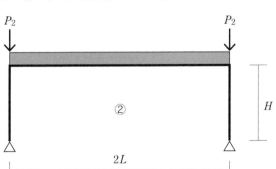

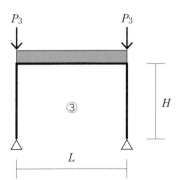

 ・材端の固定度が大きいほど座屈長さが小さくなり、弾性座屈荷重は大きくなる。
・梁の剛性が小さくなると柱の座屈長さも大きくなり、弾性座屈荷重は小さくなる。

弾性座屈荷重の大きい順 （　　　）（　　　）（　　　）

12章

梁の変形

梁に外力が生じると、部材は変形する。材は曲がり、たわみ角（θ）とたわみ（δ）が発生する。

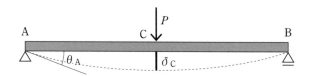

12-1 たわみ角（θ）とたわみ（δ）の求め方（モールの定理)

外力を受けた梁は変形する。変形前と変形後の材軸の接触角度をたわみ角（θ：シータ）といい、変形後の材軸との変位量をたわみ（δ：デルタ）という。このたわみ角とたわみは、モールの定理を使って求めることができる。

▶ 単純梁のたわみとたわみ角

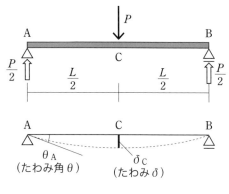

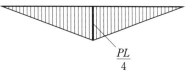

① M 図を完成させる。

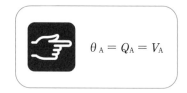

$$\theta_A = Q_A = V_A$$

② モーメント図を逆さまにし、分母に EI をつけ弾性荷重とする。反力 V_A がたわみ角 θ_A となる。C点の左側のモーメントがたわみ δ_C となる。

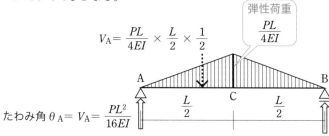

弾性荷重

$$\frac{PL}{4EI}$$

$$V_A = \frac{PL}{4EI} \times \frac{L}{2} \times \frac{1}{2}$$

たわみ角 $\theta_A = V_A = \dfrac{PL^2}{16EI}$

たわみ $\delta_C = M_{C左} = \dfrac{PL^2}{16EI} \times \left(\dfrac{L}{2} - \dfrac{L}{6}\right) = \dfrac{PL^3}{48EI}$

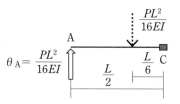

$\theta_A = \dfrac{PL^2}{16EI}$

1 章

2 章

3 章

4 章

5 章

6 章

7 章

8 章

9 章

10 章

11 章

12 章

13 章

14 章

15 章

▶片持ち梁のたわみとたわみ角

① M 図を完成させる。

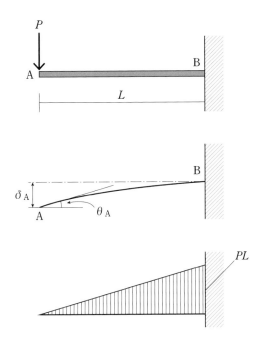

② モーメント図を逆さまにし、支点を逆にする。分母に EI をつけ弾性荷重とする。反力 V_A がたわみ角 θ_A、モーメントがたわみ δ_A となる。

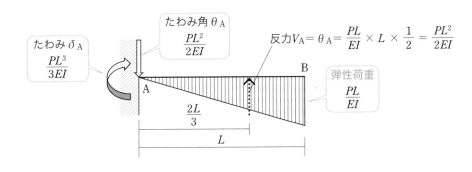

$$反力モーメント\ RM_\mathrm{A} = \delta_\mathrm{A} = \frac{PL^2}{2EI} \times \frac{2L}{3} = \frac{PL^3}{3EI}$$

▶単純梁（等分布荷重）のたわみとたわみ角の求め方

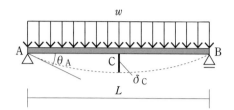

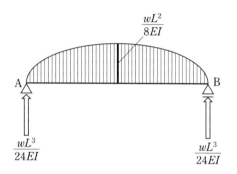

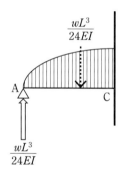

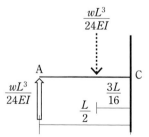

●たわみ角

$$\theta_A = 反力\ V_A = 弾性荷重の左半分の面積$$
$$= \frac{wL^2}{8EI} \times \frac{L}{2} \times \frac{2}{3}$$
$$= \frac{wL^3}{24EI}$$

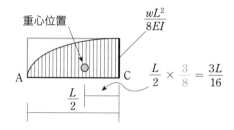

重心位置

$\frac{wL^2}{8EI}$

$\frac{L}{2} \times \frac{3}{8} = \frac{3L}{16}$

二次曲線の面積は長方形の $\frac{2}{3}$ 、重心位置は $\frac{3}{8}$ である。

●たわみ

$$\delta_C = C点の左側のモーメントの面積$$
$$= \frac{wL^3}{24EI} \times \left(\frac{L}{2} - \frac{3L}{16} \right) = \frac{5\,wL^4}{384EI}$$

モーメント図を逆さまにし、分母に EI をつけ弾性荷重とする。反力 V_A がたわみ角 θ_A となる。

C点の左側のモーメントがたわみ δ_C となる。

$$\theta_A = \frac{wL^3}{24EI}$$

$$\delta_C = \frac{5\,wL^4}{384EI}$$

1 章

2 章

3 章

4 章

5 章

6 章

7 章

8 章

9 章

10 章

11 章

12 章

13 章

14 章

15 章

12-2 たわみとたわみ角の式の一覧

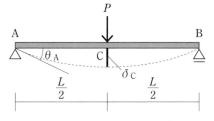

$$たわみ角 \; \theta_A = \theta_B = \frac{PL^2}{16EI}$$

$$たわみ \; \delta_C \qquad = \frac{PL^3}{48EI}$$

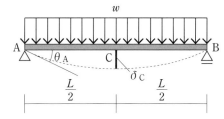

$$たわみ角 \; \theta_A = \theta_B = \frac{wL^3}{24EI}$$

$$たわみ \; \delta_C \qquad = \frac{5wL^4}{384EI}$$

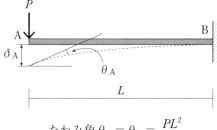

$$たわみ角 \; \theta_A = \theta_B = \frac{PL^2}{2EI}$$

$$たわみ \; \delta_C \qquad = \frac{PL^3}{3EI}$$

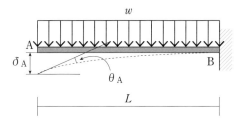

$$たわみ角 \; \theta_A = \theta_B = \frac{wL^3}{6EI}$$

$$たわみ \; \delta_C \qquad = \frac{wL^4}{8EI}$$

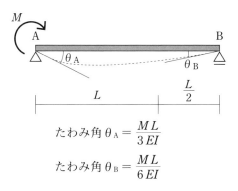

$$たわみ角 \; \theta_A = \frac{ML}{3EI}$$

$$たわみ角 \; \theta_B = \frac{ML}{6EI}$$

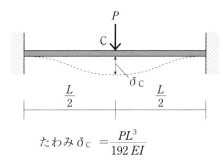

$$たわみ \; \delta_C = \frac{PL^3}{192EI}$$

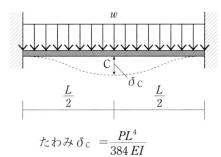

$$たわみ \; \delta_C = \frac{PL^4}{384EI}$$

例題 12.2.1 下の単純梁でスパンを2倍にした場合の部材に生じる変化について下記の記述を完成させよ。

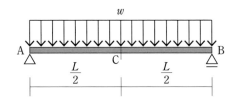

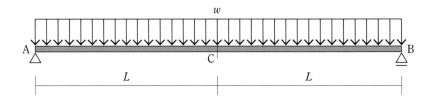

① A点のたわみ角は（　　　）倍になる。

② C点のたわみは（　　　）倍になる。

③ A点の鉛直反力は（　　　）倍になる。

④ 最大せん断力は（　　　）倍になる。

⑤ 最大曲げモーメントは（　　　）倍になる。

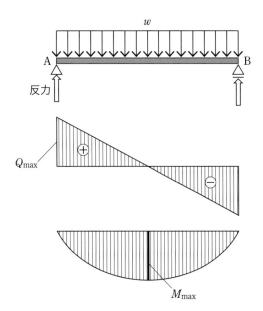

・たわみ角は、スパン（L）の3乗に比例する。
・たわみは、スパン（L）の4乗に比例する。

1 章

2 章

3 章

4 章

5 章

6 章

7 章

9 章

9 章

10 章

11 章

12 章

13 章

14 章

15 章

例題 12.2.2 下図のように交差した 2 本の梁に集中荷重 P が作用したとき、反力 R_A と R_B の大きさの比を求めよ。

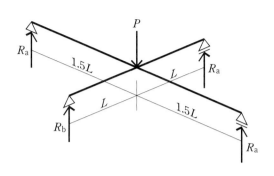

・荷重 P は、直交する梁に分担される。

$$P = P_1 + P_2$$

P_1：反力 $R_A × 2$

P_2：反力 $R_B × 2$

・分担された力によるたわみは等しい。

・たわみ $\delta_C = \dfrac{PL^3}{48EI}$ の式は必要ない。

● **中央たわみ δ は、スパンの 3 乗に比例**

荷重の大きさにも比例、曲げ剛性に反比例

P_1 (　　)^3 = P_2 (　　)^3

$P_1 : P_2 =$ (　　) : (　　)

$R_A : R_B =$ (　　) : (　　)

例題 12.2.3 下図のように梁に等分布荷重 w が作用したときのたわみ δ_A と δ_B の比を求めよ。同材質とし、自重は無視する。

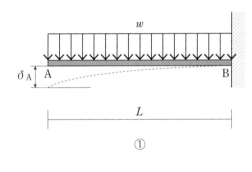

①

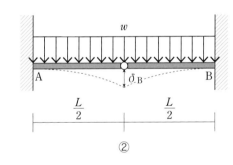

②

②の梁は、中央がヒンジになっているのでスパン $\dfrac{L}{2}$ の片持ち梁と考えられる。

この課題では、荷重 w、曲げ剛性 EI は同じなので、たわみはスパンの 4 乗に比例。

◆たわみの比　　$\delta_A : \delta_B =$ (　　) : (　　)

例題 12.2.4 下図のように梁に集中荷重 P が作用したときのたわみ δ_A と δ_B の比を求めよ。同じ材質とし、自重は無視する。①の断面形状は $a \times a$ の正方形とし、②の断面形状は、この正方形を三つ積み上げたものとする。

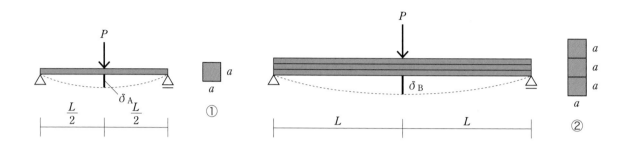

・このたわみの問題の条件として、同じ材質（E：ヤング係数）と荷重（P）が同じ。
・スパンが異なるので、たわみは長さの3乗に比例する。
・断面形状も異なるので、断面二次モーメント（I）に反比例する。
・また、②の材は正方形断面部材が三つ積み上げられているので、断面二次モーメントは正方形断面の3倍となる。たわみの公式は使わない。

◆たわみ δ ① : たわみ δ ② = （　　　）: （　　　）

例題 12.2.5　下図のように梁に集中荷重Pが作用したときのたわみ δ_A と δ_B が等しいとき、集中荷重 P_A と P_B の比を求めよ。

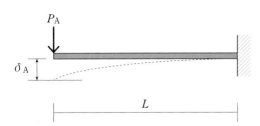

たわみ $\delta_A = \dfrac{P_A L^3}{3EI}$

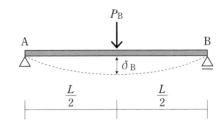

たわみ $\delta_B = \dfrac{P_B L^3}{48EI}$

◆集中荷重の比　　$P_A : P_B = ($　　　$) : ($　　　$)$

例題 12.2.6　下図のように梁に集中荷重Pが作用したときの梁①、梁②におけるたわみの大きさの比を記入せよ。同じ材質とし、自重は無視する。

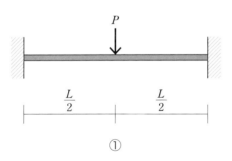

①

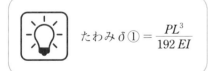

たわみ $\delta① = \dfrac{PL^3}{192EI}$

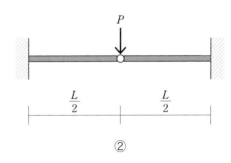

②

たわみ $\delta② = \dfrac{PL^3}{3EI}$

中央のヒンジは、自由に回転移動するので片持ち梁と同じ。
P は左右に分担されて $P \Rightarrow \dfrac{P}{2}$、$L \Rightarrow \dfrac{L}{2}$ の片持ち梁と考える。

◆たわみ $\delta① :$ たわみ $\delta② = ($　　　$) : ($　　　$)$

1章
2章
3章
4章
5章
6章
7章
8章
9章
10章
11章
12章
13章
14章
15章

12-3 水平剛性

水平剛性（K）とは水平力に対する部材の堅牢さのことである。

水平剛性が大きいと地震などに対して耐える力が大きくて揺れにくいと考える。

したがって、水平剛性とは強さを表すとともに建物の揺れにくさも示している。

$$\delta（水平変位）= \frac{P（水平力）}{K（水平剛性）}$$

この式が表していることは、水平力が大きいと水平変位は大きくなり、水平剛性が大きくなると水平変位は小さくなるということである。

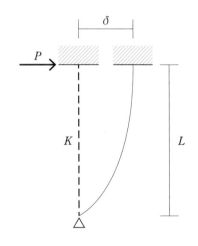

① 他端ピン他端固定の柱の水平剛性

左図のように他端ピン他固定の柱の水平変位は片持ち梁の垂直変位と同じである。

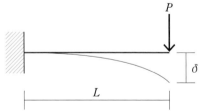

片持ち梁の変位

$$\delta = \frac{PL^3}{3EI}$$

$$\delta = \frac{PL^3}{3EI} = \frac{L^3}{3EI} \times P = \frac{P}{3EI/L^3}$$

水平剛性

$$K = \frac{3EI}{L^3}$$

② 両端固定柱の水平剛性

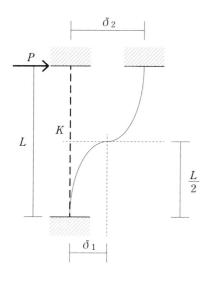

左図のような両端固定の柱に水平荷重が作用したときの半分の変位（δ_1）は、片持ち梁の変位と同じである。

半分の変位 $\delta_1 = \dfrac{P(L/2)^3}{3EI} = \dfrac{PL^3}{24EI}$

$\delta\,（水平変位）= \dfrac{P\,（水平力）}{K\,（水平剛性）}$

柱の変位

本来の水平変位 $\delta_2 = \delta_1 \times 2 = \dfrac{PL^3}{24EI} \times 2 = \dfrac{PL^3}{12EI}$

水平剛性

$\delta = \dfrac{PL^3}{12EI} = \dfrac{L^3}{12EI} \times P = \dfrac{P}{12EI/L^3}$ $K = \dfrac{12EI}{L^3}$

③ ラーメンの水平剛性

ラーメンの水平剛性は柱の2倍になる。

K（水平剛性）の中身を見ると、E（ヤング係数）、I（断面二次モーメント）が大きいほど剛性は高く、柱の長さの3乗に反比例して剛性は小さくなる。

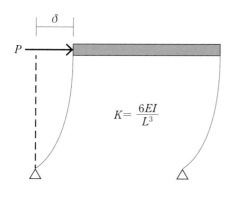

$K = \dfrac{6EI}{L^3}$

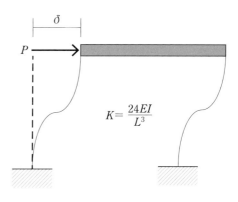

$K = \dfrac{24EI}{L^3}$

1 章
2 章
3 章
4 章
5 章
6 章
7 章
8 章
9 章
10 章
11 章
12 章
13 章
14 章
15 章

例題 12.3.1 下図のラーメンに水平力 P が作用したとき、① ② ③ の柱の水平力の分担率の比を求めなさい。
すべての柱の曲げ剛性（EI）は等しいものとする。

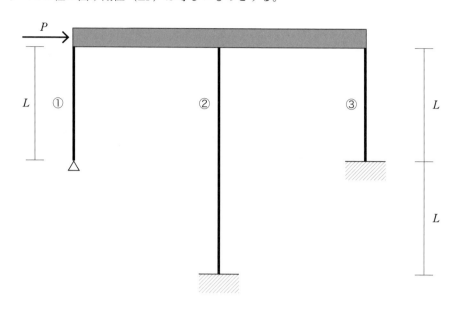

● 水平力の各柱の分担率は、各柱の水平剛性の大きさによって分担される。

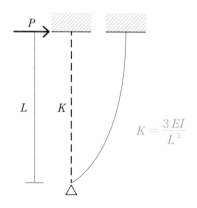

$$K = \frac{3EI}{L^3}$$

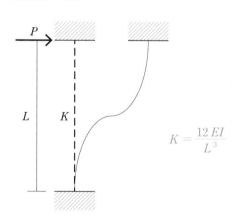

$$K = \frac{12EI}{L^3}$$

● EI はすべての柱が同じなので、無視して各柱の比を計算すると、

$$K① \qquad : \qquad K② \qquad : \qquad K③$$

$$: \qquad :$$

$$\therefore \quad Q① : Q② : Q③ = (\qquad) : (\qquad) : (\qquad)$$

1章
2章
3章
4章
5章
6章
7章
8章
9章
10章
11章
12章
13章
14章
15章

例題 12.3.2　下図のように柱脚の支持条件が異なるラーメンに水平荷重 P が作用した場合、① ② ③ の柱に生じるせん断力の大きさの比を求めなさい。

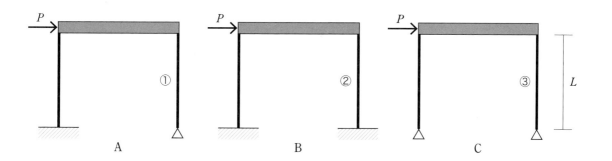

BとCのラーメンは、左右の柱の条件は同じなので、受け持つせん断力は半分になる。

Aのラーメンは、左右の柱の支持条件が異なるので、せん断力は各柱の水平剛性の値によって分担される。

Aラーメンの右の柱は、左の柱の $\dfrac{1}{5}$ のせん断力を受け持つことになる。

$$\perp \quad : \quad \top \quad = \quad 12 : 3 \quad = \quad 4 : 1$$

$$Q① : Q② : Q③ = (\quad\quad) : (\quad\quad) : (\quad\quad)$$

④ 2 層ラーメンの水平変位

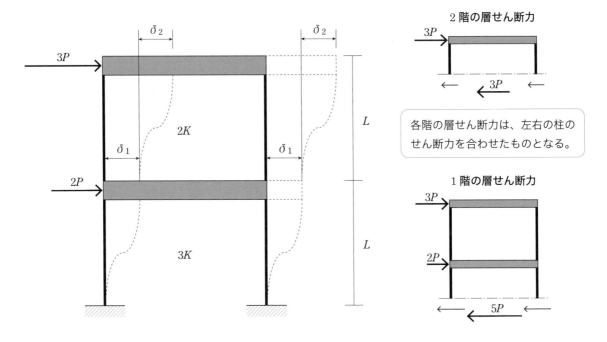

2 階の層せん断力

各階の層せん断力は、左右の柱の
せん断力を合わせたものとなる。

1 階の層せん断力

● 各階の層間変位は

$$\delta_1 = \frac{5P}{3K} \qquad \delta_2 = \frac{3P}{2K}$$

● 各階の層間変位の比は

$$\delta_1 : \delta_2 = \frac{5P}{3K} : \frac{3P}{2K} = 10 : 9$$

例題 12.3.3　下図のような 2 層ラーメンに水平力が作用したとき、各層の層間変位の比を求めなさい。

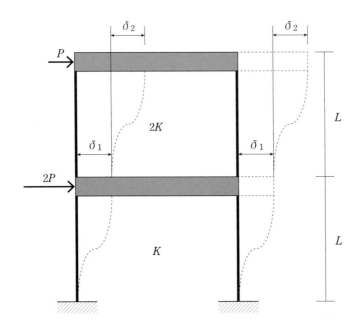

$$\delta_1 : \delta_2 = (\quad) : (\quad)$$

13章

不静定構造の解析

不静定構造物を解析するには、今まで学んだつり合いの 3 条件式の他に、変形を考えた条件式を使用した解法が求められる。

13-1 剛度と剛比

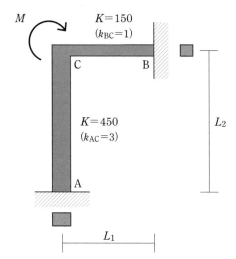

左の不静定構造物の C 点にモーメントが生じた場合、梁と柱にそのモーメントは分配される。その際、頑丈な方は、より大きなモーメントを受け持つことになる。その比率を剛度という。

$$K(剛度) = \frac{I(断面二次モーメント)}{L(部材の長さ)}$$

柱と梁の剛度を 450 と 150 とすると、その割合を剛比 (k) という（小さい方を 1 とする）。

$$450 : 150 = 3 : 1 = k_{AC} : k_{BC}$$

13-2 分配モーメントと伝達モーメント

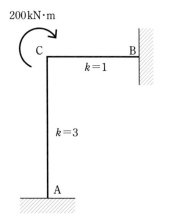

C 点に 200 kN·m のモーメント荷重が生じた場合、剛比の大きさに応じて梁、柱に分配される。

$$梁の分配モーメント = 200 \times \frac{1}{4} = 50\,kN \cdot m$$

$$柱の分配モーメント = 200 \times \frac{3}{4} = 150\,kN \cdot m$$

C 点で分配されたモーメントは、A 点、B 点に伝達される。その際、伝達されたモーメントの大きさは半分になる。

「**12-2 たわみとたわみ角の式の一覧**」で示されているように、伝達される方のたわみ角は半分である。したがってモーメントも半分になる。

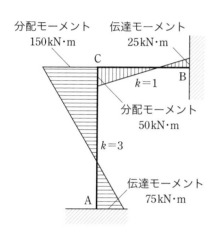

たわみ角 $\theta_A = \dfrac{ML}{3EI}$

たわみ角 $\theta_B = \dfrac{ML}{6EI}$

分配モーメント
150kN·m

伝達モーメント
25kN·m

分配モーメント
50kN·m

伝達モーメント
75kN·m

$k=1$

$k=3$

モーメント荷重を受けた C 点は変形するが、接点は 90°を保つ。

固定端の A 点と B 点も 90°を保つ。

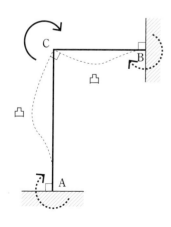

モーメント図は、膨らんだ方（引張側）に表示される。

1 章
2 章
3 章
4 章
5 章
6 章
7 章
9 章
9 章
10 章
11 章
12 章
13 章
14 章
15 章

▶**不静定構造物の解き方**

① C 点を固定にする。

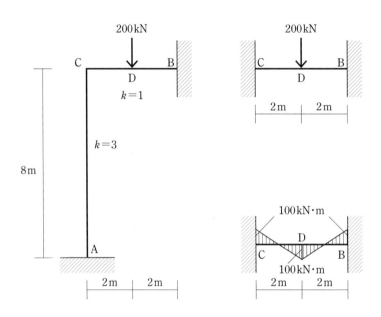

$$両端固定の固定端モーメント = \frac{PL}{8} = \frac{200 \times 4}{8} = 100\,\text{kN·m}$$

元々固定でないところを固定にしたために、100 kN·m（ ⤴ ）の固定モーメントが生じた。

② 元に戻すために反対回りの 100 kN·m（ ⤵ ）のモーメントを解放モーメントとして C 点に作用させる。

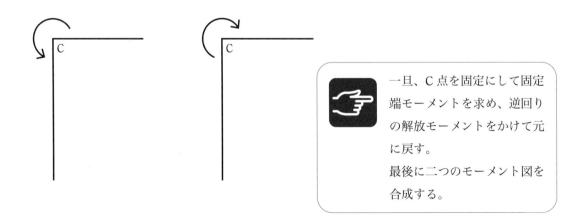

> 一旦、C 点を固定にして固定端モーメントを求め、逆回りの解放モーメントをかけて元に戻す。
> 最後に二つのモーメント図を合成する。

③ 解放モーメント 100 kN・m を柱と梁の剛比に応じて分配する。

$$100 \text{ kN·m} \times \frac{3}{4} = 75 \text{ kN·m}$$

$$100 \text{ kN·m} \times \frac{1}{4} = 25 \text{ kN·m}$$

④ 分配したモーメントの半分を伝達モーメントとして伝達させる。

$$75 \text{ kN·m} \times \frac{1}{2} = 37.5 \text{ kN·m}$$

$$25 \text{ kN·m} \times \frac{1}{2} = 12.5 \text{ kN·m}$$

⑤ 固定モーメント、解放モーメントを分配したモーメント、伝達モーメントを合成する。

$$\text{分配時の D 点のモーメント} = \frac{25 + 12.5}{2} - 12.5 = 6.25 \text{〔kN·m〕}$$

A 点のモーメント $= 37.5 \text{ kN·m}$

B 点のモーメント $= 100 + 12.5 = 112.5 \text{ kN·m}$

C 点のモーメント $= 100 - 25 = 75 \text{ kN·m}$

D 点のモーメント $= 100 + 6.25 = 106.25 \text{ kN·m}$

例題 13.3.1 部材 ❶ を基準とした部材 ❷、❸ の剛比を求めなさい。

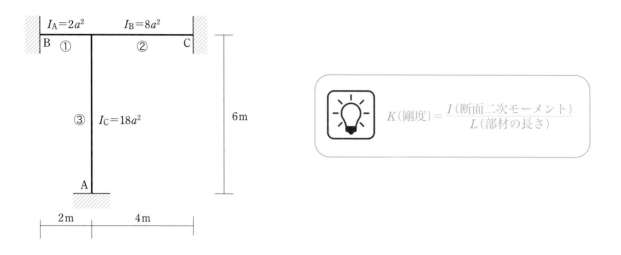

$$K（剛度）＝\frac{I（断面二次モーメント）}{L（部材の長さ）}$$

❶ : ❷ : ❸ ＝ 1 :（　　）:（　　）

例題 13.3.2 下の不静定構造物の曲げモーメント図を描きなさい。剛比は、2、3、5 とする。

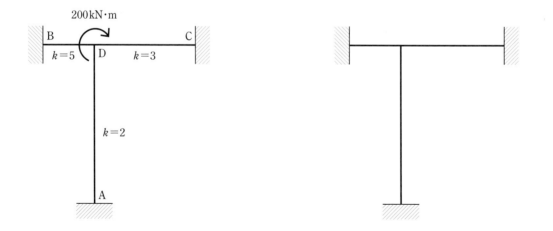

1 章

2 章

3 章

4 章

5 章

6 章

7 章

9 章

9 章

10 章

11 章

12 章

13 章

14 章

15 章

例題 13.3.3　下の不静定構造物の曲げモーメント図を描きなさい。

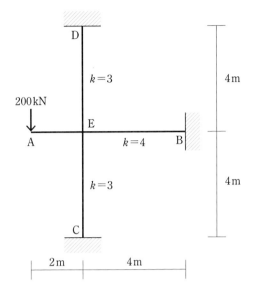

① E 点を固定にする。

　　E 点の固定モーメント＝（　　　　　　　）

② E 点の解放モーメントを分配。

　　M_{ED} ＝（　　　　　）

　　M_{EB} ＝（　　　　　）

　　M_{EC} ＝（　　　　　）

③ 伝達モーメント

　　M_{DE} ＝（　　　　　）

　　M_{BE} ＝（　　　　　）

　　M_{CE} ＝（　　　　　）

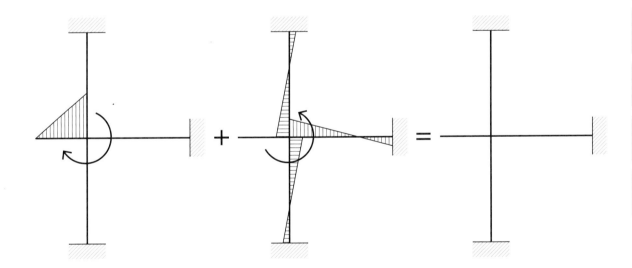

13-4 梁の変形を利用した解法

一次の不静定梁は、つり合いの3条件式だけでは解けない。梁の変形式を利用して解いていく。

▶解き方の順序（ルーティーン‐1）

● ローラーの支点の $\delta_A = 0$（下に沈まない）

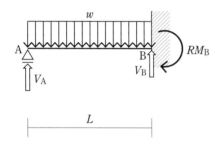

① A点のローラーを取り除き片持ち梁とする。そのときのA点のたわみが δ_{A1}。

② A点の反力 V_A だけが片持ち梁にかかったときのA点のたわみを δ_{A2} とする。

③ A点のたわみは、$\delta_A = 0$ なので $\delta_{A1} = \delta_{A2}$ となる。

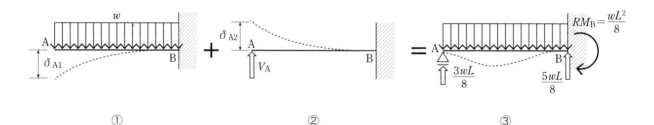

① + ② = ③

● 「12-2 たわみとたわみ角の式の一覧」より

④ $\delta_{A1} = \dfrac{wL^4}{8EI}$　　$\delta_{A2} = \dfrac{V_A L^3}{3EI}$

⑤ $\delta_{A1} = \delta_{A2}$　　$\dfrac{wL^4}{8EI} = \dfrac{V_A L^3}{3EI}$　　$V_A = \dfrac{3wL}{8}$

⑥ $\Sigma Y = 0$ より　　$V_B = \dfrac{5wL}{8}$

⑦ $\Sigma M_B = V_A \times L - wL \times \dfrac{L}{2} + R_{MB} = 0$　　$RM_B = \dfrac{wL^2}{8}$

▶解き方の順序（ルーティーン‐2）

●固定端の $\theta = 0$（90°を保つ）

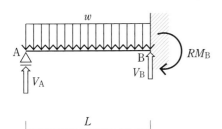

① B支点の固定端をピンに置き換える。たわみ角 θ_{B1} が生じる。

② ピンにしたために生じた θ_{B1} を解消するために θ_{B2} を与えるモーメント RM_B を作用させる。

③ B点は、元々固定端で $\theta_B = 0$ であるから、$\theta_{B1} = \theta_{B2}$ となる。

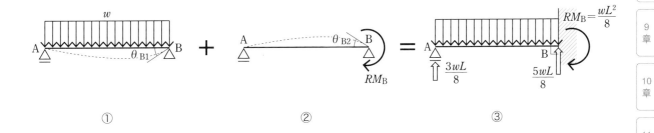

① ② ③

● 「**12-2 たわみとたわみ角の式の一覧**」より

④ $\theta_{B1} = \dfrac{wL^3}{24EI}$ $\theta_{B2} = \dfrac{RM_B L}{3EI}$ $\dfrac{wL^3}{24EI} = \dfrac{RM_B L}{3EI}$

⑤ $\theta_{B1} = \theta_{B2}$ から $RM_B = \dfrac{wL^2}{8}$

⑦ $\Sigma M_B = V_A \times L - WL \times \dfrac{L}{2} + R_{MB} = 0$ $V_A = \dfrac{3wL^2}{8}$

⑥ $\Sigma Y = 0 \rightarrow V_B$ $V_B = \dfrac{5wL}{8}$

155

例題 13.4.1 次の不静定梁の反力を求めなさい。

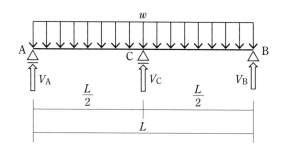

① C 点のローラーを取り除き単純梁とする。そのときの C 点のたわみを δ_{C1} とする。

② C 点の反力 V_C だけが単純梁にかかったときの C 点のたわみを δ_{C2} とする。

③ C 点のたわみは、$\delta_C = 0$ なので $\delta_{C1} = \delta_{C2}$ となる。

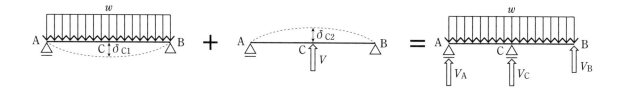

● 「**12-2 たわみとたわみ角の式の一覧**」より

④ $\delta_{C1} = \dfrac{5\,wL^4}{384\,EI}$　　$\delta_{C2} = \dfrac{V_C L^3}{48\,EI}$

⑤ $\delta_{C1} = \delta_{C2}$ から　　$\dfrac{5\,wL^4}{384\,EI} = \dfrac{V_C L^3}{48\,EI}$　　　　　　　　　$V_C = \underline{\hspace{3cm}}$

⑥ $\Sigma Y = 0$ から　　　　　　　　　　　　　　　　　　　$V_A = V_B = \underline{\hspace{3cm}}$

14章

塑性解析

14-1 弾性域と塑性域

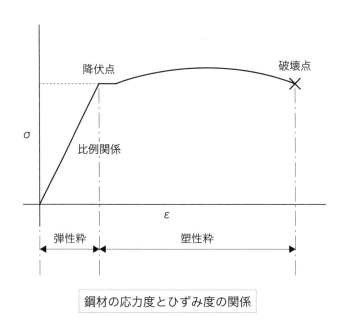

鋼材の応力度とひずみ度の関係

上図は、建築材料の一つの鋼材に引張力が作用したときの応力度とひずみ度の関係を表したものである。
降伏点（崩壊し始めるところ）までは、応力度とひずみ度とは、比例関係にある（弾性域）。
しかし、降伏点を超えると降伏し、変形のみが増加し、荷重は増加しない。この範囲を塑性域という。

建築物の構造計算においては、部材の塑性域のねばり強さを考慮し設計する。
したがって、多少のひび割れなどは、やむを得ないという考え方で、経済性も考慮しながら人々が安全に避難できるように考えられている。

1 章
2 章
3 章
4 章
5 章
6 章
7 章
8 章
9 章
10 章
11 章
12 章
13 章
14 章
15 章

14-2 塑性ヒンジ

　下図は、鉄筋コンクリート造の単純梁に集中荷重 P が作用している状態を表している。P の大きさを徐々に大きくしていくと梁中央の下部で梁は崩壊すると考えられる。

① の状態では、P の大きさに比例して曲げ応力度が変化する。

さらに P の値を大きくすると、

② 降伏応力度 σ_y に達し始めることになる。

③ の状態では、梁の中央部は弾性域だが、梁の上下端は、降伏応力度に達している。

④ の状態では、梁断面全体が降伏し、降伏応力度は一定のまま、変形だけが大きくなっていく。

　この梁断面全体が降伏した状態を全塑性状態という。また、このときの荷重を崩壊荷重 P_U、曲げモーメントを全塑性モーメント M_P という。全塑性状態に達した C 点で崩壊が始まる。

　この点を塑性ヒンジという。

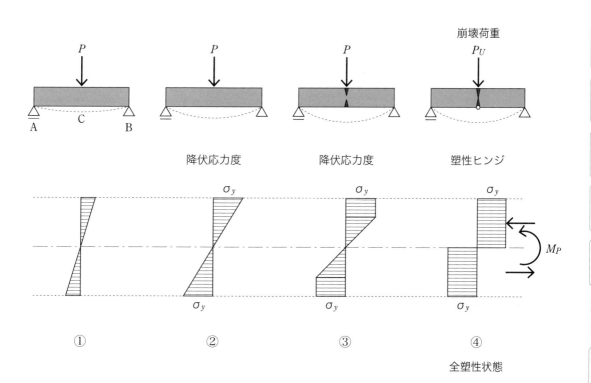

14-3 全塑性（終局）モーメント

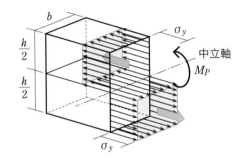
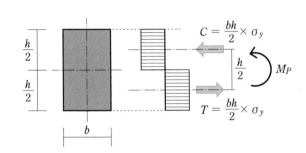

$$M_P = \frac{bh}{2} \sigma_y \times \frac{h}{2}$$
$$= \frac{bh^2}{4} \sigma_y \text{（偶力モーメント）}$$

$$M_P = Z_P \times \sigma_y$$

Z_P（塑性断面係数）$= \dfrac{bh^2}{4}$

σ_y（降伏応力度）

例題 14.3.1 下図に示した片持ち梁の崩壊荷重 P_U を求めなさい。降伏応力度 $\sigma_y = 200$（N/mm²）とする。

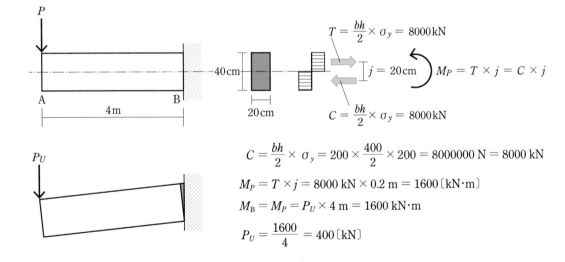

$$C = \frac{bh}{2} \times \sigma_y = 200 \times \frac{400}{2} \times 200 = 8000000 \text{ N} = 8000 \text{ kN}$$

$$M_P = T \times j = 8000 \text{ kN} \times 0.2 \text{ m} = 1600 \text{ (kN·m)}$$

$$M_B = M_P = P_U \times 4 \text{ m} = 1600 \text{ kN·m}$$

$$P_U = \frac{1600}{4} = 400 \text{ (kN)}$$

全塑性モーメント M_P は、引張側と圧縮側にかかる垂直応力による偶力モーメントとなる。この垂直応力は、それぞれの断面積×降伏応力度となる。

$$T = C = \frac{bh}{2} \times \sigma_y$$

全塑性モーメント M_P がかかる引張側と圧縮側の断面積は、等しくなる。

例題 14.3.2 図−1のような断面が図−2に示すような垂直応力度分布になって全塑性状態に達しているとき、断面の図心に作用する圧縮力 N と曲げモーメント M を求めなさい。

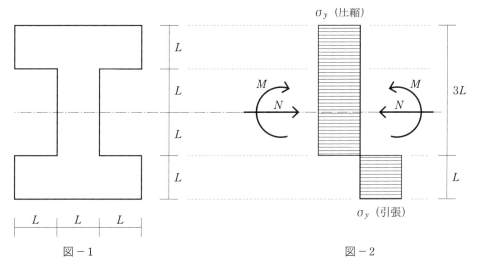

図−1   図−2

① 全塑性状態にあるということから、全塑性モーメント M_P を生じさせる引張応力と圧縮応力がかかる断面積は等しい。

全塑性モーメント M_P は、

$$M_P = 3L \times L \times \sigma_y \times 3L = 9L^3 \sigma_y$$

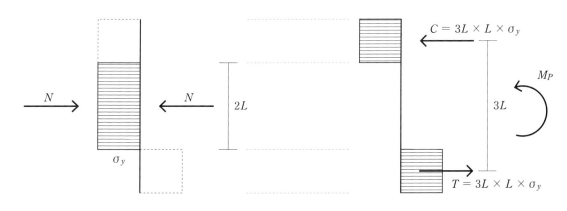

② 中央のウエブ部分には、圧縮力がかかる。

$$N = L \times 2L \times \sigma_y = 2L^2 \sigma_y$$

$$M = 9L^3 \sigma_y$$
$$N = 2L^2 \sigma_y$$

161

例題 14.3.3 図-1のような断面が図-2に示すような垂直応力度分布になって全塑性状態に達しているとき、断面の図心に作用する圧縮力 N と曲げモーメント M を求めなさい。

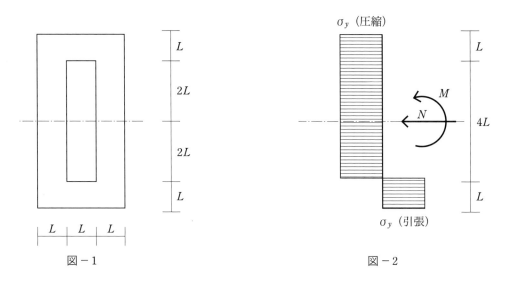

図-1　　　　　　　　　　図-2

例題 14.3.2 の解き方（ルーティーン）に従って解いていく。

$$M = \underline{\hphantom{XXXXXX}} \qquad\qquad N = \underline{\hphantom{XXXXXX}}$$

例題 14.3.4 下図の断面に曲げモーメント M のみが作用した場合、M と全塑性モーメント M_P が等しくなったときの中立軸の位置（X 軸からの距離 Y）を求めなさい。

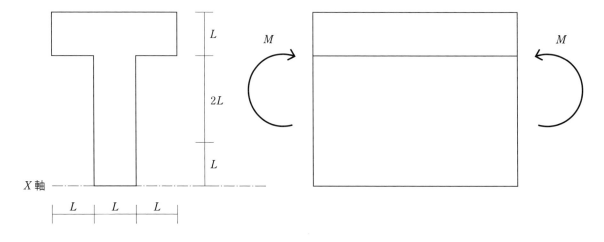

全塑性モーメント M_P がかかる引張側と圧縮側の断面積は等しくなる。降伏開始曲げモーメントがかかるまでの中立軸は、断面一次モーメントを使って求める。

X 軸からの距離 $Y = \underline{\hphantom{XXXXXX}}$

1章
2章
3章
4章
5章
6章
7章
8章
9章
10章
11章
12章
13章
14章
15章

14-4 崩壊メカニズム

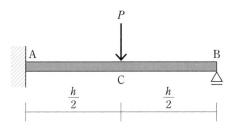

構造物が、弾性域から塑性域に突入し、徐々に崩壊して行く過程には段階がある。

部材断面の弱い箇所、大きな応力がかかるところから順に崩壊していく。

全塑性モーメント M_P を超えても、それ以上の応力はかからないが、そこには塑性ヒンジが形成され、崩壊を迎えることになる。

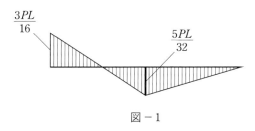

図−1

図−1：不静定梁が弾性状態にあるときは、左図のような応力状態にある。

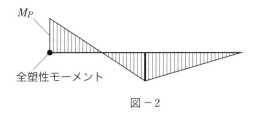

図−2

図−2：集中荷重 P の大きさを徐々に増やしていくと、A点において降伏状態を迎え、塑性ヒンジを形成することになる。

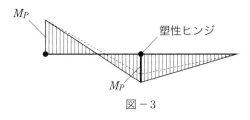

図−3

図−3：この後も荷重を増やしていっても、A 点のモーメントは増加せず、変形のみが大きくなっていく。いずれは C 点も降伏状態に入り、塑性ヒンジを形成し、崩壊することになる。

14-5 崩壊荷重

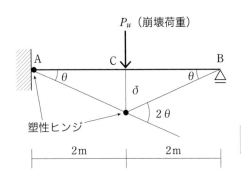

構造物が崩壊するとき、部材は変形し、変位や変形角を生じる。このときの荷重を崩壊荷重（P_U）という。

この崩壊荷重を求めるには、仮想仕事の原理を用いる。崩壊時の変位や変形角の値をこの式に代入して求める。

外力による仕事	=	内力による仕事

$$P_U \text{〔kN〕} \times \text{変位量}(\delta) \qquad M_P \text{〔kN·m〕} \times \text{変形角}(\theta)$$

▶崩壊荷重の求め方

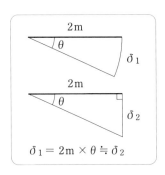

$$\delta_1 = 2m \times \theta \fallingdotseq \delta_2$$

全塑性モーメント $M_P = 30\,\text{kN·m}$ とすると、塑性ヒンジになる A 点と C 点のモーメントは、

$$M_A = M_C = M_P$$

$$\delta = 2 \text{〔m〕} \times \theta = 2\theta$$

外力による仕事	=	内力による仕事

$$P_U \times 2\theta = M_P \times \theta + M_P \times 2\theta$$
$$P_U \times 2\theta = 30 \times \theta + 30 \times 2\theta$$
$$P_U \times 2 = 90$$
$$P_U = 45 \text{〔kN〕}$$

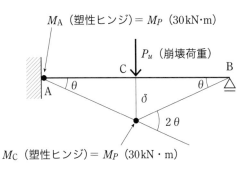

M_A（塑性ヒンジ）$= M_P$（30kN·m）

M_C（塑性ヒンジ）$= M_P$（30kN·m）

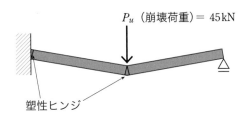

P_u（崩壊荷重）$= 45\text{kN}$

塑性ヒンジ

1章	
2章	
3章	
4章	
5章	
6章	
7章	
8章	
9章	
10章	
11章	
12章	
13章	
14章	
15章	

14-6 ラーメンの崩壊機構

例題 14.6.1 図−1のラーメンに作用している荷重 P を増大させたとき、崩壊機構は図−2に示されている。このときの崩壊荷重 P_U を求めなさい。全塑性モーメント（M_P）の値を800kN·m（柱）、400kN·m（梁）とする。

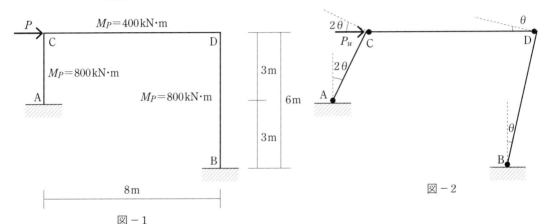

図−1

図−2

▶崩壊荷重の求め方

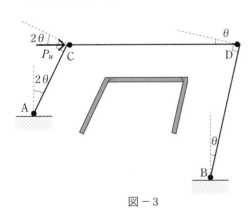

図−3

①A点とB点の変形角の設定

A点の変形角は、B点の2倍になる（梁の水平方向変位が同じで柱の高さが半分だから）。

②C点とD点の変形角の設定

C点とD点は、剛節点なので90°（直角）を保つ。

③C点とD点の塑性ヒンジ

柱・梁の節点C点とD点では、M_P（全塑性モーメント）の小さい方（梁）に塑性ヒンジが発生する。

④前章の梁の崩壊機構と同じく、仮想仕事の原理をもとに解いていく。

外力による仕事	=	内力による仕事

P_U〔kN〕 × 変位量（δ）　　　　M_P〔kN·m〕 × 変形角（θ）

⑤ 変位量 $\delta = \theta \times L = 2\theta \times 3$〔m〕$= 6\theta$

⑥ ④式に代入　$P_U \times 6\theta = 800 \times 2\theta + 400 \times 2\theta + 400 \times \theta + 800 \times \theta$

$$6P_U\,\theta = 3600\,\theta \qquad P_U = 600 \text{〔kN〕}$$

例題 14.6.2 図-1のラーメンに作用している荷重 P を増大させたとき、崩壊機構は図-2に示されている。このときの崩壊荷重 P_U を求めなさい。全塑性モーメントを $2M_P$（柱）、M_P（梁）とする。

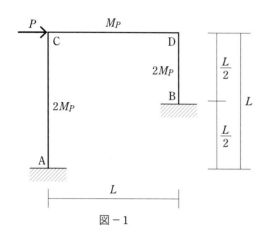

図-1

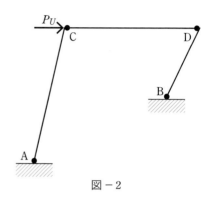

図-2

例題 14.6.1 の崩壊荷重の求め方に従って解いていく。

① A 点と B 点の変形角の設定

② C 点と D 点の変形角の設定

③ C 点と D 点の塑性ヒンジ

④ 仮想仕事の原理をもとに解いていく

⑤ 変位量 $\delta =$ （　　　　　）

⑥ ④式に代入 $\Rightarrow P_U$ を求める

$P_U = $ ＿＿＿＿＿＿

1 章

2 章

3 章

4 章

5 章

6 章

7 章

8 章

9 章

10 章

11 章

12 章

13 章

14 章

15 章

例題 14.6.3 下図は、2層のラーメンに水平荷重が作用したときの崩壊機構を示したものである。崩壊荷重 P_U、梁のせん断力 Q_1、柱のせん断力 Q_2、Q_3、反力 V を求めなさい。

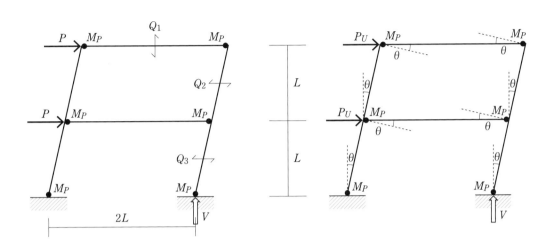

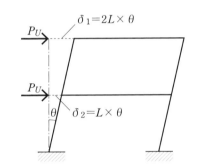

① 崩壊荷重 P_U を仮想仕事の原理から求める。

$$P_U \times 変位量（\delta）= M_P \times 変形角（\theta）$$

 変位量（δ）は、荷重が作用した位置で求める。
δ は、2層と3層で発生している。

外力による仕事	=	内力による仕事

$$P_U \times \delta_1 + P_U \times \delta_2 = 6 \times M_P \times \theta$$

$$P_U \times 2L\theta + P_U \times L\theta = 6 \times M_P \times \theta$$

$$P_U = \frac{2M_P}{L}$$

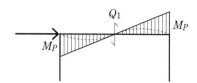

② 3層の梁のせん断力 Q_1 を求める。

$$梁のせん断力 \quad Q_1 = \frac{M_P + M_P}{2\,L} = \frac{M_P}{L}$$

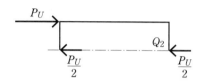

③ 2層の柱のせん断力 Q_2 を求める。

　2層の層せん断力は右向き P_U である。

　この力を2本の柱で分担する。

$$梁のせん断力 \quad Q_2 = \frac{P_U}{2} = \frac{2\,M_P}{L \times 2} = \frac{M_P}{L}$$

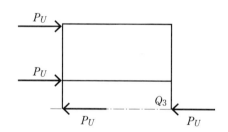

④ 1層の柱のせん断力 Q_3 を求める。

　1層の層せん断力は右向き $2P_U$ である。

　この力を2本の柱で分担する。

$$梁のせん断力 \quad Q_3 = P_U = \frac{2\,M_P}{L}$$

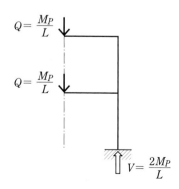

⑤ 反力 V を求める。

　梁の中央で切断して考える。

　2層と3層のせん断力（⊖）の合計に対して反力が働く。

　$\Sigma\,Y = 0$ より V を求める。

1章

2章

3章

4章

5章

6章

7章

8章

9章

10章

11章

12章

13章

14章

15章

例題 14.6.4　下図は、2層のラーメンに水平荷重が作用したときの崩壊機構を示したものである。崩壊荷重 P_U、梁のせん断力 Q_1、柱のせん断力 Q_2、Q_3、反力 V を求めなさい。

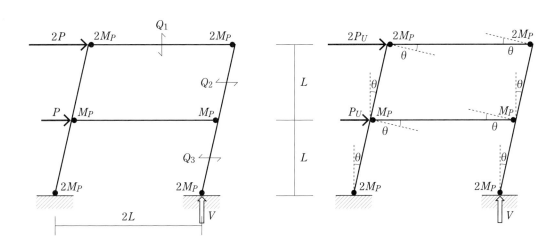

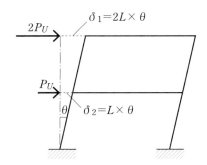

① 崩壊荷重 P_U を仮想仕事の原理から求める。

外力による仕事	=	内力による仕事

$$P_U \,[\text{kN}] \times 変位量\,(\delta) = M_P\,[\text{kN·m}] \times 変形角\,(\theta)$$

$$=$$

$$P_U =$$

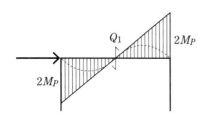

② 3層の梁のせん断力 Q_1 を求める。

梁のせん断力 $Q_1 = $ _____

③ 2層の柱のせん断力 Q_2 を求める。

柱のせん断力 $Q_2 = $ _____

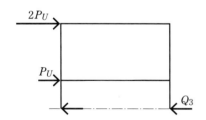

④ 1層の柱のせん断力 Q_3 を求める。

柱のせん断力 $Q_3 = $ _____

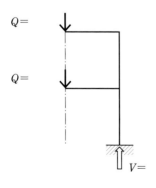

⑤ 反力 V を求める。

$V = $ _____

15章

建築物の揺れ方

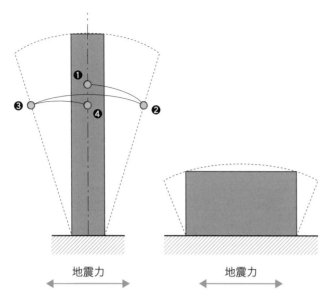

地震力

地震力

地震によって建物は揺れる。その揺れ方は、建物の重量や高さ、構造によって変化する。

揺れたときの ❶ 〜 ❹ までにかかった時間を固有周期という。この固有周期は、建物の重量や剛性によって変化する。剛性とは建物の強さで、この値が大きいと変形しにくいということである。

建物が高いほど大きく揺れるので、固有周期は大きくなる。

また、剛性の値が大きいと固有周期は短くなり、小刻みに揺れることになる。

15-1 固有周期

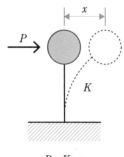

$P = K \cdot x$

建物を左図のようにモデル化すると、建物の固有周期は次の式で表される。

$$T = 2\pi\sqrt{\frac{M}{K}}$$

T：固有周期
M：質量
K：剛性

質量（M）が大きいほど固有周期は長くなる。
剛性（K）が大きいほど固有周期は短くなる。
剛性（K）が大きいと変形（水平変位）は小さくなる。

建築基準法では、簡易的な式で建物の一次固有周期を設定している。

$$T = h \, (0.02 + 0.01 \, \alpha)$$

h：建築物の高さ

α：RC 造 = 0

RC 造 = $0.02h$

木造・S 造 = $0.03h$

　　　木造・S 造 = 1

・建物の高さが高いほど固有周期は長くなる。

・RC 造は、木造・S 造より固有周期が短い。

例題 15.1.1　RC 造 4 階建て（階高 4 m）の固有周期を求めよ。

$T = h \, (0.02 + 0.01 \, \alpha)$ に代入

$T =$ ＿＿＿＿＿＿〔秒〕

例題 15.1.2　木造 3 階建て（階高 3 m）の固有周期を求めよ。

$T =$ ＿＿＿＿＿＿〔秒〕

1 章
2 章
3 章
4 章
5 章
6 章
7 章
8 章
9 章
10 章
11 章
12 章
13 章
14 章
15 章

例題 15.1.3　下図に示したラーメンの固有周期の大きさの比を求めよ。梁は剛体とし、柱の質量は考慮しないものとする。

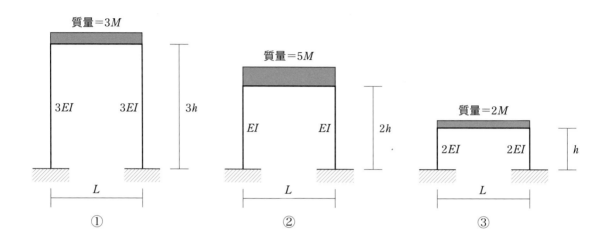

① 固有周期の基本式

$$T = 2\pi \sqrt{\frac{M}{K}}$$

② 両端固定のラーメン（柱2本分）の水平剛性

$$K = \frac{24\,EI}{h^3}$$

③ 比較をするのはルートの中身だけだから、$\dfrac{M}{K}$ を比較する。

④ K の中身の定数 24 はすべてのラーメンで同じ条件なので無視できる。EI と h は、各ラーメンによって異なるので、それぞれの数値を入力する。

固有周期の比　①：②：③ = 27：40：1

例題 15.1.4 下図に示した ① と ② のラーメンの固有周期の大きさの比を求めよ。梁は剛体とし、柱の質量は考慮しないものとする。

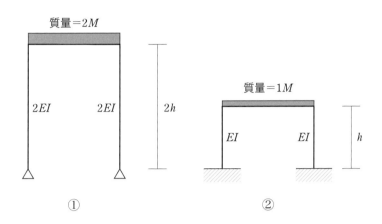

① ②

● ラーメンの水平剛性（p.143）を参照

① $K = \dfrac{6 \times 2\,EI}{(2\,h)^3}$

② $K = \dfrac{24\,EI}{h^3}$

 T の比較は、$\dfrac{M}{K}$ を比較する。

固有周期の比　① : ② = (　　) : (　　)

分母に分数がある計算を確実に処理する。
$$\frac{2\,M}{EI/(2\,h)^3} = \frac{2\,M}{EI/8\,h^3} = \frac{2\,M \times 8\,h^3}{EI} = \frac{16\,M\,h^3}{EI}$$

1章
2章
3章
4章
5章
6章
7章
8章
9章
10章
11章
12章
13章
14章
15章

15-2 応答スペクトル

地震の際、建物に生じる加速度や変位の変化をグラフにしたものを応答スペクトルという。勿論、建物の固有周期に応じて、加速度や変位は異なる。

このグラフは、固有周期ごとに加速度の変化をまとめたものである。

建物にかかる力は、建物の質量と加速度をかけて求める。

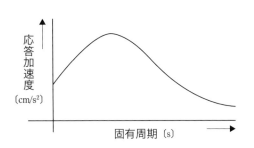

$$Q（応答せん断力）= M（質量）\times \alpha（加速度）$$

・建物の質量と剛性がわかると、その建物の固有周期とともにこの応答スペクトルによって建物に働く力を求めることができる。

・固有周期が大きくなると、加速度は小さくなる。建物にかかる力が小さくなるということである。

例題 15.2.1 　下図に示した1質点系モデル ①、② の固有周期を T_1、T_2 とする。このモデルにグラフが示す加速度応答スペクトルを持つ地震動が入力されたとき、それぞれのモデルに生じる最大応答せん断力 Q_1、Q_2 の比を求めなさい。

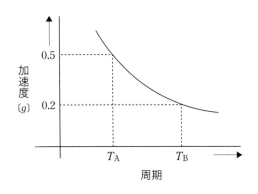

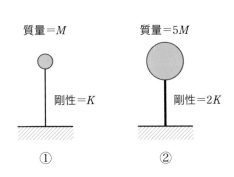

① それぞれの周期は

$$T_1 = 2\pi\sqrt{\frac{M}{K}}$$

$$T_2 = 2\pi\sqrt{\frac{5M}{2K}}$$

② 応答加速度

$$T_1 < T_2$$

$$T_1 = T_A$$

$$T_2 = T_B$$

③ 最大せん断力

$$Q_1 = M \times 0.5\,g = 0.5Mg$$

$$Q_2 = 5M \times 0.2\,g = Mg$$

$$\therefore\quad Q_1 : Q_2 = 1 : 2$$

1 章
2 章
3 章
4 章
5 章
6 章
7 章
8 章
9 章
10 章
11 章
12 章
13 章
14 章
15 章

例題 15.2.2 下図に示した1質点系モデル ①、②、③ の固有周期を T_1、T_2、T_3 とする。モデルにグラフが示す加速度応答スペクトルを持つ地震動が入力されたとき、それぞれのモデルに生じる最大応答せん断力 Q_1、Q_2、Q_3 の大小関係を示しなさい。

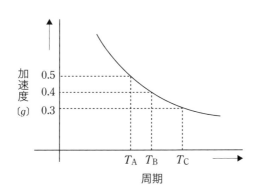

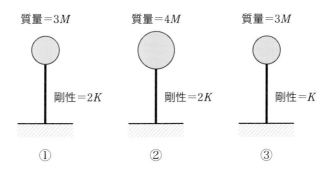

質量＝$3M$　剛性＝$2K$　①
質量＝$4M$　剛性＝$2K$　②
質量＝$3M$　剛性＝K　③

① それぞれの周期は

$T_1 = 2\pi\sqrt{\dfrac{}{}}$

$T_2 = 2\pi\sqrt{\dfrac{}{}}$

$T_3 = 2\pi\sqrt{\dfrac{}{}}$

② 応答加速度

③ 最大せん断力

$Q_1 = $

$Q_2 = $

$Q_3 = $

∴　Q_1、Q_2、Q_3 の大小関係は、＿＿＿＿＿

【解　答】

① $\dfrac{7}{12}+\dfrac{5}{4}=\dfrac{7+15}{12}=\dfrac{11}{6}$

⑥ $\dfrac{10^2\times10^7}{10^4\times10^3}=\dfrac{10^9}{10^7}=10^2$

⑪ $\dfrac{5}{4}\times P=-10$　　$P=-10\times\dfrac{4}{5}$

　　　　　　　　　　　　　$P=-8$

② $\dfrac{8}{5}\times\dfrac{3}{7}=\dfrac{24}{35}$

⑦ $3.65\times10^3=3650$

⑫ $6\times P+30=0$　　$6\times P=-30$

③ $2\sqrt{3}\times3\sqrt{3}=6\times3=18$

⑧ $40000\times10^{-3}=\dfrac{40000}{10^3}=40$

　　　　　　　　　　　　　$P=-5$

④ $8\div\sqrt{2}=\dfrac{8\sqrt{2}}{2}=4\sqrt{2}$

⑨ $0.00234=2.34\times10^{\square}$　$\boxed{}=-3$

⑬ $\dfrac{A\times6}{216}=2$　$A\times6=432$　$A=72$

⑤ $10^3\times10^8=10^{11}$

⑩ $\dfrac{4}{2/7}=\dfrac{4\times7}{2}=14$

⑭ $\dfrac{A\times B}{C\times D}=E$　　$C=\dfrac{A\times B}{E\times D}$

◆直角三角形の三辺比

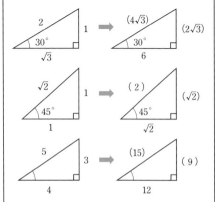

◆単位換算

① $1\,\text{m}=100\,\text{cm}=1000\,\text{mm}$

② $1\,\text{kN}=1000\,\text{N}$

③ $1\,\text{kN/m}=10\,\text{N/cm}=1\,\text{N/mm}$

④ $1\,\text{kN·m}=10^5\,\text{N·cm}=10^6\,\text{N·mm}$

◆比の計算

① $8:10=4:\boxed{5}$

② $7:13=21:\boxed{39}$

③ $A:B=\ C:\boxed{}$　$\boxed{}=\dfrac{B\cdot C}{A}$

▶1章

例題 1.2.1　$M_O=1.5\times3-4\times1=0.5$

$M_O=0.5\,\text{kN·m}$　（↺）

例題 1.2.2　$M_O=5\times3-4\times2=7$

$M_O=7\,\text{kN·m}$　（↺）

例題 1.2.3　$M_A=-P\cdot L+2P\cdot L=P\cdot L$

$M_B=P\cdot L$

$M_C=P\cdot0.5L+P\cdot0.5L=P\cdot L$

例題 1.2.4　$M_O=-3\times1-8\times1.5+6\times4=9$

$M_O=9\,\text{kN·m}$　（↺）

例題 1.2.5　$M_O=5\times4-6\times4+6\times9=50$

$M_O=50\,\text{kN·m}$　（↺）

例題 1.3.1 ············· p.13

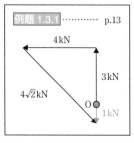

例題 1.3.2 ······································ p.13

① $P_x=10\sqrt{3}\,\text{kN}\ (\rightarrow)$
　$P_y=10\,\text{kN}\ (\downarrow)$

② $P_x=\dfrac{\sqrt{3}\,P}{2}\ (\rightarrow)$
　$P_y=\dfrac{P}{2}\ (\downarrow)$

③ $P_x=20\,\text{kN}\ (\rightarrow)$
　$P_y=20\,\text{kN}\ (\downarrow)$

④ $P_x=\dfrac{\sqrt{2}\,P}{2}\ (\rightarrow)$
　$P_y=\dfrac{\sqrt{2}\,P}{2}\ (\downarrow)$

⑤ $P_x=16\,\text{kN}\ (\rightarrow)$
　$P_y=12\,\text{kN}\ (\downarrow)$

⑥ $P_x=\dfrac{4P}{5}\ (\rightarrow)$
　$P_y=\dfrac{3P}{5}\ (\downarrow)$

例題 1.4.1

② $\Sigma M_O=-2\,\text{kN}\times2\,\text{m}-5\,\text{kN}\times4\,\text{m}=-24\,\text{kN·m}=-4\,\text{kN}\times X\,\text{m}$　　　　$X=\dfrac{24}{4}=6\,\text{m}$

　合力 $R=4\,\text{kN}$（↑）　　O点の（右）側（6）m

③ $\Sigma M_O=2\,\text{kN}\times12\,\text{m}+5\,\text{kN}\times9\,\text{m}-3\,\text{kN}\times4\,\text{m}+6\,\text{kN}\times2\,\text{m}=69\,\text{kN·m}=10\,\text{kN}\times X\,\text{m}$　　$X=\dfrac{69}{10}=6.9$

　合力 $R=10\,\text{kN}$（↑）　　O点の（左）側（6.9）m

④ $P_A=12\,\text{kN}$（↑）　　$P_B=4\,\text{kN}$（↓）

⑤ $P_A=150\,\text{N}$（↓）　　$P_B=450\,\text{N}$（↑）

例題 1.4.2 ··· p.17

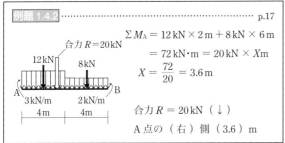

$\Sigma M_A = 12\,\text{kN} \times 2\,\text{m} + 8\,\text{kN} \times 6\,\text{m}$

$= 72\,\text{kN·m} = 20\,\text{kN} \times X\text{m}$

$X = \dfrac{72}{20} = 3.6\,\text{m}$

合力 $R = 20\,\text{kN}$（↓）

A 点の（右）側（3.6）m

例題 1.4.3 ··· p.17

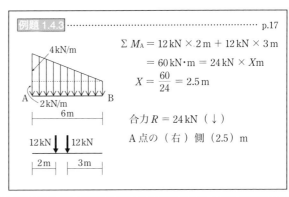

$\Sigma M_A = 12\,\text{kN} \times 2\,\text{m} + 12\,\text{kN} \times 3\,\text{m}$

$= 60\,\text{kN·m} = 24\,\text{kN} \times X\text{m}$

$X = \dfrac{60}{24} = 2.5\,\text{m}$

合力 $R = 24\,\text{kN}$（↓）

A 点の（右）側（2.5）m

例題 1.4.4 ··· p.17

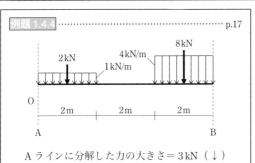

A ラインに分解した力の大きさ＝ 3 kN（↓）

B ラインに分解した力の大きさ＝ 7 kN（↓）

例題 1.5.1 ··· p.19

$\Sigma M_A = 30\,\text{kN} \times 6\,\text{m} - P_1 \times 3\,\text{m} = 0$

$P_1 = 60\,\text{kN}$（↑）

$\Sigma M_D = 60\,\text{kN} \times 3\,\text{m} + P_2 \times 6\,\text{m} = 0$

$P_2 = -30\,\text{kN}$（←） $P_1 = 60\,\text{kN}$（↑）

$\Sigma X = 0$ P_3 の水平成分は右向き 30 kN $P_2 = 30\,\text{kN}$（←）

$P_3 = 30\sqrt{2}\,\text{kN}$（↘） $P_3 = 30\sqrt{2}\,\text{kN}$（↘）

▶3章

···p.29 〜 30

例題 3.2.1 $V_A = 1\,\text{kN}$（↓）

$V_B = 5\,\text{kN}$（↑）

例題 3.2.2 $V_A = 2\,\text{kN}$（↑）

$V_B = 4\,\text{kN}$（↑）

例題 3.2.3 $V_A = 0\,\text{kN}$（－）

$V_B = 4\,\text{kN}$（↑）

$H_A = 6\,\text{kN}$（→）

例題 3.2.4 $V_A = 3\,\text{kN}$（↓）

$V_B = 3\,\text{kN}$（↑）

例題 3.2.5 $V_A = 6\,\text{kN}$（↑）

$V_B = 2\,\text{kN}$（↓）

···p.31 〜 32

例題 3.3.1 $V_A = 9\,\text{kN}$（↑）

$RM_A = 42\,\text{kN·m}$（↺）

例題 3.3.2 $V_A = 7\,\text{kN}$（↑）

$H_A = 10\,\text{kN}$（→）

$RM_A = 51\,\text{kN·m}$（↺）

例題 3.3.3 $V_A = 4\,\text{kN}$（↓）

$RM_A = 2\,\text{kN·m}$（↻）

例題 3.3.4 $H_B = 4\,\text{kN}$（←）

$RM_B = 8\,\text{kN·m}$（↺）

例題 3.3.5 $V_B = 9\,\text{kN}$（↑）

$RM_B = 21\,\text{kN·m}$（↺）

例題 3.3.6 $V_B = 6\,\text{kN}$（↑）

$RM_B = 19\,\text{kN·m}$（↺）

···p.33 〜 34

例題 3.4.1 $V_A = 6\,\text{kN}$（↑）

$V_B = 6\,\text{kN}$（↓）

$H_A = 12\,\text{kN}$（→）

例題 3.4.2 $V_A = 7\,\text{kN}$（↑）

$V_B = 1\,\text{kN}$（↑）

$H_B = 6\,\text{kN}$（→）

例題 3.4.3 $V_A = 3\,\text{kN}$（↑）

$V_B = 3\,\text{kN}$（↓）

$H_B = 10\,\text{kN}$（→）

例題 3.4.4 $V_A = 6\,\text{kN}$（↑）

$V_B = 0\,\text{kN}$（－）

$H_A = 8\,\text{kN}$（→）

例題 3.4.5 $V_A = 5\,\text{kN}$（↑）

$V_B = 9\,\text{kN}$（↑）

$H_A = 10\,\text{kN}$（→）

···p.35 〜 36

例題 3.5.1 $V_A = 0\,\text{kN}$（－）

$H_A = 4\,\text{kN}$（←）

$RM_A = 8\,\text{kN·m}$（↺）

例題 3.5.2 $V_A = 8\,\text{kN}$（↑）

$H_A = 0\,\text{kN}$（－）

$RM_A = 32\,\text{kN·m}$（↺）

例題 3.5.3 $V_A = 4\,\text{kN}$（↑）

$H_A = 5\,\text{kN}$（→）

$RM_A = 10\,\text{kN·m}$（↺）

例題 3.5.4 $V_A = 5\,\text{kN}$（↑）

$H_A = 0\,\text{kN}$（－）

$RM_A = 35\,\text{kN·m}$（↺）

例題 3.5.5 $V_A = 0\,\text{kN}$（－）

$H_A = 6\,\text{kN}$（←）

$RM_A = 15\,\text{kN·m}$（↺）

···p.38

例題 3.6.1 $V_A = 3\,\text{kN}$（↑）

$V_B = 2\,\text{kN}$（↓）

$H_A = 6\,\text{kN}$（→）

例題 3.6.2 $V_A = 4\,\text{kN}$（↓）

$V_B = 8\,\text{kN}$（↑）

$H_A = 8\,\text{kN}$（←）

例題 3.6.3 $V_B = 600\,\text{kN}$（↑）

$H_A = 400\sqrt{3}\,\text{kN}$（←）

$H_B = 400\sqrt{3}\,\text{kN}$（→）

（高さは、$\dfrac{4\sqrt{3}}{3}$〔m〕）

例題 3.7.2 ·················· p.41

③④ $\Sigma M_A = 0 \Rightarrow V_B \Rightarrow V_A$

⑤ $\Sigma M_{C右} = 0 \Rightarrow H_B$

⑥ $\Sigma X = 0 \Rightarrow H_A$

$V_A = 1\,\text{kN}$（↑）

$V_B = 3\,\text{kN}$（↑）

$H_A = 2.5\,\text{kN}$（←）

$H_B = 1.5\,\text{kN}$（←）

例題 3.7.3 ·················· p.41

③④ $\Sigma M_A = 0 \Rightarrow V_B \Rightarrow V_A$

⑤ $\Sigma M_{C左} = 0 \Rightarrow H_A$

⑥ $\Sigma X = 0 \Rightarrow H_B$

$V_A = 11\,\text{kN}$（↑）

$V_B = 5\,\text{kN}$（↓）

$H_A = 5.5\,\text{kN}$（→）

$H_B = 10.5\,\text{kN}$（→）

例題 3.7.4 ·················· p.41

③④ $\Sigma M_A = 0 \Rightarrow V_B \Rightarrow V_A$

⑤ $\Sigma M_{C右} = 0 \Rightarrow H_B$

⑥ $\Sigma X = 0 \Rightarrow H_A$

$V_A = 4\,\text{kN}$（↓）

$V_B = 4\,\text{kN}$（↑）

$H_A = 8\,\text{kN}$（←）

$H_B = 0\,\text{kN}$（－）

▶4章

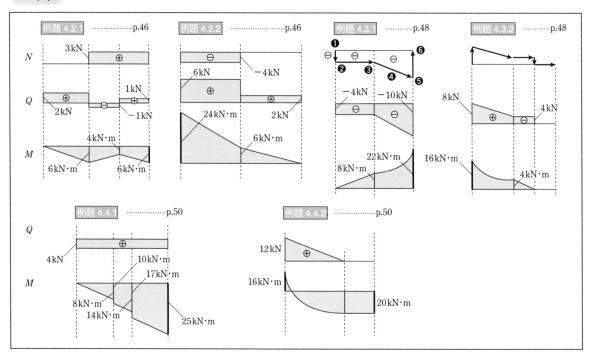

▶5章

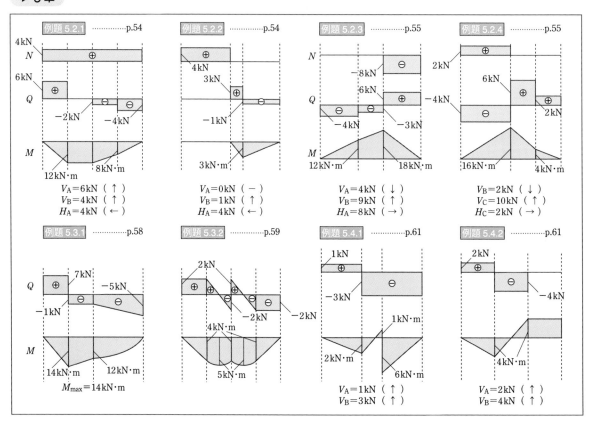

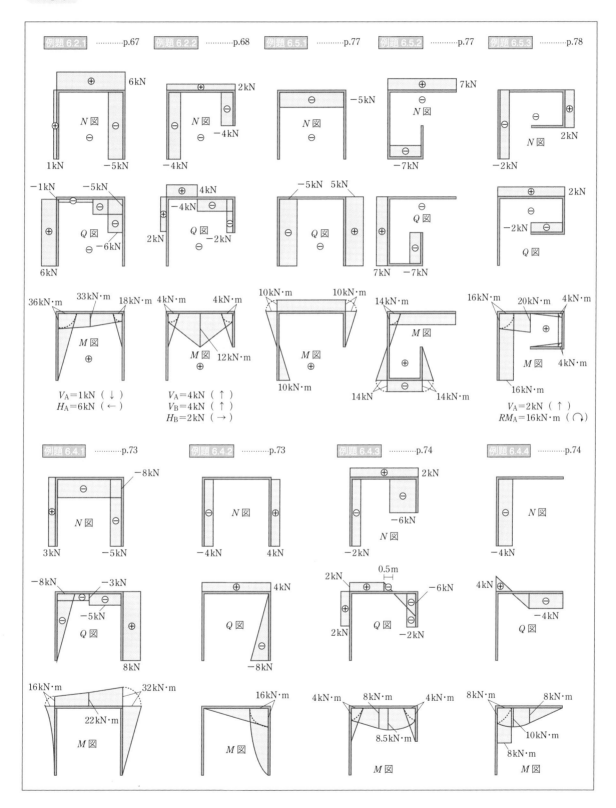

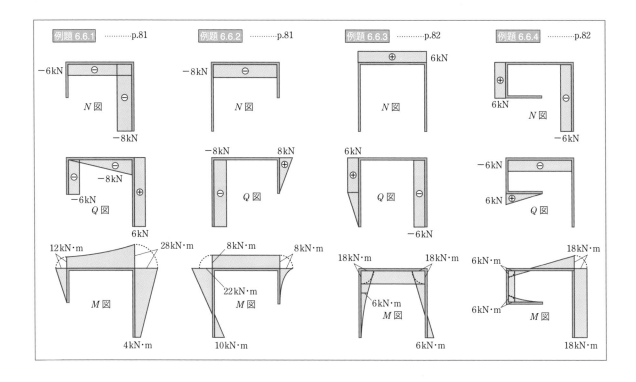

6章

例題 6.6.1 ·········p.81

例題 6.6.2 ·········p.81

例題 6.6.3 ·········p.82

例題 6.6.4 ·········p.82

▶7章

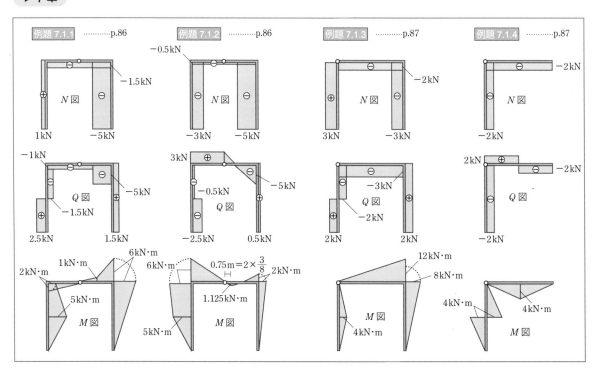

例題 7.1.1 ·········p.86

例題 7.1.2 ·········p.86

例題 7.1.3 ·········p.87

例題 7.1.4 ·········p.87

例題 7.2.1 ·········· p.88	例題 7.2.2 ·········· p.89	例題 7.2.3 ·········· p.89	例題 7.2.4 ·········· p.90

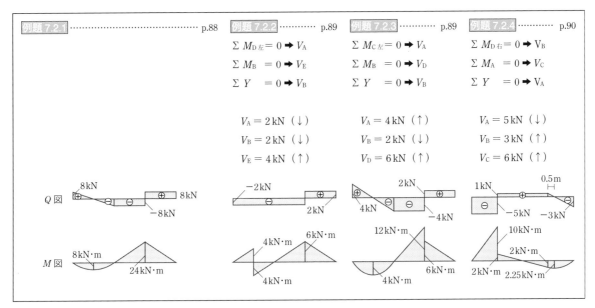

例題 7.2.2 ·········· p.89

$\Sigma M_{D左} = 0 \rightarrow V_A$

$\Sigma M_B = 0 \rightarrow V_E$

$\Sigma Y = 0 \rightarrow V_B$

$V_A = 2\,\text{kN} \ (\downarrow)$

$V_B = 2\,\text{kN} \ (\downarrow)$

$V_E = 4\,\text{kN} \ (\uparrow)$

例題 7.2.3 ·········· p.89

$\Sigma M_{C左} = 0 \rightarrow V_A$

$\Sigma M_B = 0 \rightarrow V_D$

$\Sigma Y = 0 \rightarrow V_B$

$V_A = 4\,\text{kN} \ (\uparrow)$

$V_B = 2\,\text{kN} \ (\downarrow)$

$V_D = 6\,\text{kN} \ (\uparrow)$

例題 7.2.4 ·········· p.90

$\Sigma M_{D右} = 0 \rightarrow V_B$

$\Sigma M_A = 0 \rightarrow V_C$

$\Sigma Y = 0 \rightarrow V_A$

$V_A = 5\,\text{kN} \ (\downarrow)$

$V_B = 3\,\text{kN} \ (\uparrow)$

$V_C = 6\,\text{kN} \ (\uparrow)$

例題 7.2.5 ·········· p.90

$\Sigma M_{D右} = 0 \rightarrow V_B$

$\Sigma M_A = 0 \rightarrow V_C$

$\Sigma Y = 0 \rightarrow V_A$

$V_A = 4\,\text{kN} \ (\downarrow)$

$V_B = 4\,\text{kN} \ (\uparrow)$

$V_C = 10\,\text{kN} \ (\uparrow)$

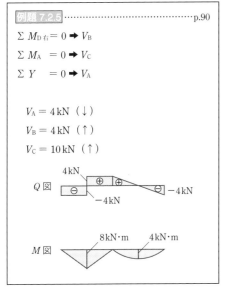

例題 7.3.1 ·········· p.91

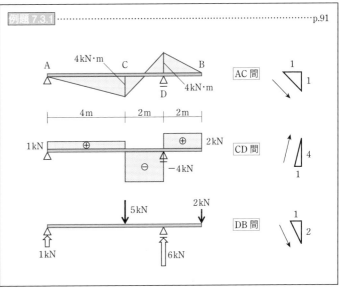

例題 7.3.2 ·········· p.93

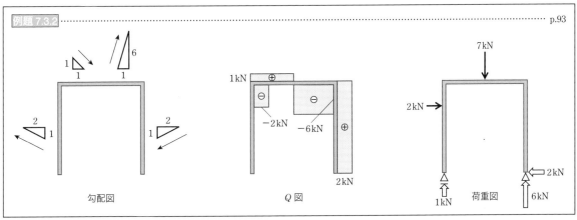

勾配図　　　　　　　　Q 図　　　　　　　　荷重図

183

8章

例題 8.1.2 .... p.99

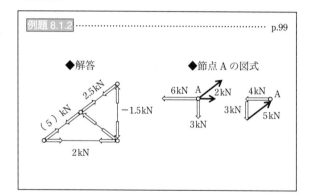

例題 8.1.4 .... p.101

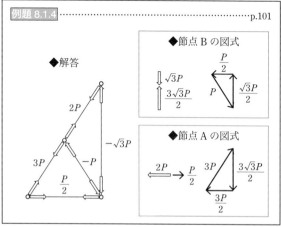

例題 8.2.2 .... p.103

例題 8.1.3 .... p.100

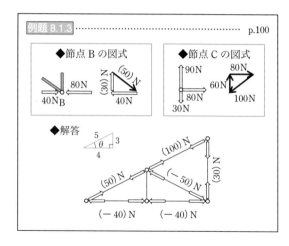

例題 8.2.1 .... p.103

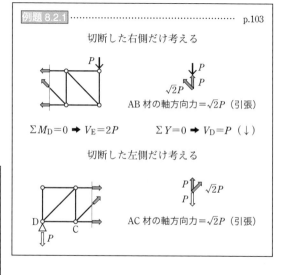

例題 8.2.3 .... p.104

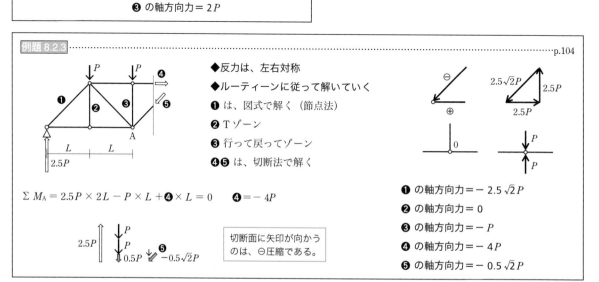

9章

例題 9.1.2 ················· p.107

① $A_1 = 20 \times 80 = 1600$ 〔mm^2〕

② $A_2 = 20 \times 80 = 1600$ 〔mm^2〕

● 面積の合計

③ $A = A_1 + A_2 = 3200$ 〔mm^2〕

● X 軸に関する断面一次モーメント

④ $S_x = A_1 \cdot y_1 + A_2 \cdot y_2$

$= 1600 \times 90 + 1600 \times 40$

$= 208000$ 〔mm^3〕

● Y 軸に関する断面一次モーメント

⑤ $S_y = A_1 \cdot x_1 + A_2 \cdot x_2$

$= 1600 \times 40 + 1600 \times 70$

$= 176000$ 〔mm^3〕

● 図心位置

⑥ $x_0 = \dfrac{S_y}{A} = \dfrac{176000}{3200} = 55$ 〔mm〕

⑦ $y_0 = \dfrac{S_x}{A} = \dfrac{208000}{3200} = 65$ 〔mm〕

例題 9.1.3 ················· p.107

① $A_1 = 20 \times 80 = 1600$ 〔mm^2〕

② $A_2 = 60 \times \dfrac{30}{2} = 900$ 〔mm^2〕

● 面積の合計

③ $A = A_1 + A_2 = 2500$ 〔mm^2〕

● X 軸に関する断面一次モーメント

④ $S_x = A_1 \cdot y_1 + A_2 \cdot y_2$

$= 1600 \times 40 + 900 \times 10$

$= 73000$ 〔mm^3〕

● Y 軸に関する断面一次モーメント

⑤ $S_y = A_1 \cdot x_1 + A_2 \cdot x_2$

$= 1600 \times 10 + 900 \times 400$

$= 52000$ 〔mm^3〕

● 図心位置

⑥ $x_0 = \dfrac{S_y}{A} = \dfrac{52000}{2500} = 20.8$ 〔mm〕

⑦ $y_0 = \dfrac{S_x}{A} = \dfrac{73000}{2500} = 29.2$ 〔mm〕

例題 9.1.4 ················· p.108

① $A_1 = 40 \times 100 = 4000$ 〔mm^2〕

② $A_2 = 40 \times 40 = 1600$ 〔mm^2〕

③ $A_3 = 20 \times 100 = 2000$ 〔mm^2〕

● 面積の合計

④ $A = A_1 + A_2 + A_3 = 7600$ 〔mm^2〕

● X 軸に関する断面一次モーメント

⑤ $S_x = A_1 \cdot y_1 + A_2 \cdot y_2 + A_3 \cdot y_3$

$= 4000 \times 80 + 1600 \times 40 + 2000 \times 10$

$= 404000$ 〔mm^3〕

● Y 軸に関する断面一次モーメント

⑥ $S_y = A_1 \cdot x_1 + A_2 \cdot x_2 + A_3 \cdot x_3$

$= 4000 \times 50 + 1600 \times 20 + 2000 \times 50$

$= 332000$ 〔mm^3〕

● 図心位置

⑦ $x_0 = \dfrac{S_y}{A} = \dfrac{332000}{7600} = 43.7$ 〔mm〕

⑧ $y_0 = \dfrac{S_x}{A} = \dfrac{404000}{7600} = 53.2$ 〔mm〕

例題 9.2.3 ················· p.110

①の $I_x = \dfrac{2 \times 2 \times 10^3}{12} + \dfrac{6 \times 2^3}{12} = 337.3$ 〔cm^4〕

②の $I_x = \dfrac{10 \times 10^3}{12} - \dfrac{2 \times 4 \times 6^3}{12} = 689.3$ 〔cm^4〕

例題 9.2.4 ················· p.111

I_x の差 $= \dfrac{2 \times 6^3}{12} - \dfrac{2 \times 2^3}{12} = 34.7$ 〔cm^4〕

例題 9.2.5 ················· p.111

$I_x = \dfrac{10 \times 10^3}{12} - \dfrac{2 \times 10^3}{12} - \dfrac{2 \times 2 \times 6^3}{12} = 594.7$ 〔cm^4〕

例題 9.3.1 ················· p.112

$Z_x = \dfrac{30 \times 60^2}{6} = \dfrac{108000}{6} = 18000$ 〔cm^3〕

$Z_y = \dfrac{60 \times 30^2}{6} = \dfrac{54000}{6} = 9000$ 〔cm^3〕

例題 9.3.2 ················· p.112

$I_x = I_{xA} - 2I_{xB} = 689$ 〔cm^4〕

$Z_x = \dfrac{689}{5} = 137.8$ 〔cm^3〕

$I_y = I_{yA} + 2I_{yB} = 337$ 〔cm^4〕

$Z_y = \dfrac{337}{5} = 67.4$ 〔cm^3〕

10章

例題 10.1.1 ················· p.114

$13.5\,kN = 13500\,N$ $\sigma_t = \dfrac{13500\,N}{450\,mm^2} = 30$ 〔N/mm^2〕

例題 10.2.1 ················· p.115

$\varepsilon = \dfrac{\triangle L}{L} = \dfrac{0.0005\,m}{1\,m} = \dfrac{1}{2000} = 0.0005$

$\varepsilon = 0.0005$

例題 10.2.2 ················· p.115

$\varepsilon = \dfrac{\triangle L}{L}$ $\triangle L = \varepsilon \times L$

$= 0.0067 \times 40000$ 〔mm〕 $= 268$ 〔mm〕

$\triangle L = 268$ 〔mm〕

例題 10.2.3 ················· p.116

$\triangle L = \dfrac{P \cdot L}{A \cdot E} = \dfrac{1800 \times 1000 \times 4000}{300 \times 300 \times 2 \times 10^4} = 4$ 〔mm〕

$\triangle L = 4$ 〔mm〕

例題 10.2.4 ················· p.116

$E = \dfrac{P \cdot L}{A \cdot \triangle L} = \dfrac{40000 \times 10000}{200 \times 10} = 2 \times 10^5$ 〔N/mm^2〕

$E = 2 \times 10^5$ 〔N/mm^2〕

例題 10.2.5 ················· p.116

$\triangle L = \dfrac{P \cdot L}{A \cdot E} = \dfrac{50 \times 1000 \times 8000}{200 \times 2 \times 10^5} = 10$ 〔mm〕

$\triangle L = 10$ 〔mm〕

例題 10.4.1 ···························· p.119

$$\sigma_{b\max} = \frac{wL \times L/2}{bh^2/6} = \frac{3}{bh^2}\frac{wL^2}{}$$

$$\tau_{\max} = 1.5 \times \frac{Q_{\max}}{bh} = 1.5\frac{wL}{bh}$$

例題 10.4.2 ···························· p.119

① $M_A = 6\,\text{kN·m} = 6 \times 10^6\,[\text{N·mm}]$

② $Z_x = \frac{100 \times 300^2}{6}\ 1.5 \times 10^6\,[\text{N·mm}^3]$

③ $\sigma_{b\max} = \frac{6 \times 10^6}{1.5 \times 10^6}$

$\sigma_{b\max} = 4\ [\text{N/mm}^2]$

例題 10.5.1 ··· p.122

① 最大曲げモーメント $M_{\max} = \frac{wL^2}{8} = \frac{6 \times 4^2}{8} = 12\ [\text{kN·m}]$

② 最大せん断力 $Q_{\max} = \frac{wL}{2} = \frac{6 \times 4}{2} = 12\ [\text{kN}]$

③ 断面係数 $Z_x = \frac{bh^2}{6} = \frac{100 \times 300^2}{6} = 1.5 \times 10^6\ [\text{mm}^3]$

④ 曲げ応力度に対しての安全確認

$$\underset{\text{(最大曲げ応力度)}}{\sigma_{b\max}} = \frac{M_{\max}}{Z_x} \leqq \underset{\text{(許容曲げ応力度)}}{f_b} = 10.34\,[\text{N/mm}^2]$$

$$\sigma_{b\max} = \frac{1.2 \times 10^7\,[\text{N·mm}]}{1.5 \times 10^6\,[\text{mm}^3]} = 8\ [\text{N/mm}^2] < 10.34\ [\text{N/mm}^2] \quad ◆ \text{安全}$$

⑤ せん断応力度に対しての安全確認

$$\tau_{\max} = 1.5 \times \frac{Q_{\max}}{bh} \leqq f_s \text{(許容せん断応力度)} = 0.88\ [\text{N/mm}^2]$$

$$\tau_{\max} = \frac{1.5 \times 12000}{100 \times 300} = 0.6\ [\text{N/mm}^2] < 0.88\ [\text{N/mm}^2] \quad ◆ \text{安全}$$

例題 10.6.1 ···························· p.125

① $\sigma_c\,(圧縮応力度) = \frac{P(圧縮力)\text{N}}{A(断面積)\text{mm}^2} = \frac{180000}{200 \times 300} = 3\ [\text{N/mm}^2]$

② $Z_x\,(断面係数) = \frac{bh^2}{6} = \frac{200 \times 300^2}{6} = 3 \times 10^6\ [\text{mm}^3]$

③ $\sigma_{b\max} = \frac{30\,\text{kN·m}}{3 \times 10^6\,[\text{mm}^3]} = \frac{3 \times 10^7}{3 \times 10^6} = 10\ [\text{N/mm}^2]$

④ 圧縮と曲げの応力度分布を足し合わせて組み合わせ応力度分布図を完成させる。

◆ 引張縁応力度 = 7 [N/mm²]

◆ 圧縮縁応力度 = 13 [N/mm²]

例題 10.6.2 ···························· p.126

① $\sigma_c\,(圧縮応力度) = \frac{P(圧縮力)\text{N}}{A(断面積)\text{mm}^2} = \frac{900000}{300 \times 600} = 5\ [\text{N/mm}^2]$

② $Z_x\,(断面係数) = \frac{bh^2}{6} = \frac{600 \times 300^2}{6} = 9 \times 10^6\ [\text{mm}^3]$

③ $\sigma_{b\max} = \frac{M_{\max}(最大曲げモーメント)}{Z_x(断面係数)}$

$$= \frac{90\,\text{kN·m}}{9 \times 10^6\,[\text{mm}^3]} = \frac{9 \times 10^7}{9 \times 10^6} = 10\ [\text{N/mm}^2]$$

④ 圧縮と曲げの応力度分布を足し合わせて組み合わせ応力度分布図を完成させる。

◆ 引張縁応力度 = 5 [N/mm²]

◆ 圧縮縁応力度 = 15 [N/mm²]

▶11章

例題 11.4.1 ···p.130

① $L_k = 2L$

② $L_k = 1.4L$

③ $L_k = 2.1L$

④ $L_k = 4L$

⑤ $L_k = L$

例題 11.4.3 ························ p.131

$L_k = 6h$	$L_k = 4h$	$L_k = 2.5h$
$(l_k = 2l)$	$(l_k = l)$	(両端固定)
		$(l_k = 0.5l)$

と考える。

弾性座屈荷重の大きい順 （③）（②）（①）

例題 11.4.2 ··· p.130

$L_k = L$

例題 11.4.4 ························ p.131

① $L_k = h$　　② $L_k = 2h$　　③ $L_k = 2h$

と考える。

梁の剛性は　②＜③

L_k は　②＞③

弾性荷重は　②＜③

弾性荷重の大きい順 （①）（③）（②）

▶12章

例題 12.2.1 ············· p.138

① A 点のたわみ角は（ 8 ）倍になる。

② C 点のたわみは（16）倍になる。

③ A 点の鉛直反力は（ 2 ）倍になる。

④ 最大せん断力は（ 2 ）倍になる。

⑤ 最大曲げモーメントは（ 4 ）倍になる。

例題 12.2.2 ············· p.139

$P_1 (3)^3 = P_2 (2)^3$

$P_1 : P_2 = (8) : (27)$

$R_a : R_b = (8) : (27)$

例題 12.2.3 ············· p.139

$L^4 : \left(\dfrac{L}{2}\right)^4 = \dfrac{L^4}{16}$

◆ たわみの比　$\delta_A : \delta_B = (16) : (1)$

例題 12.2.4 ············· p.140

$\delta = \dfrac{PL^3}{48EI}$ で $\dfrac{P}{48E}$ の条件は同じ

$\delta_1 = \dfrac{L^3}{I} = \dfrac{3L^3}{3I}$ 　　$\delta_2 = \dfrac{(2L)^3}{3I} = \dfrac{8L^3}{3I}$

◆ たわみδ①：たわみδ②＝（ 3 ）：（ 8 ）

例題 12.2.5 ············· p.141

◆ 集中荷重の比

$P_A : P_B = (1) : (16)$

$P_A \cdot \dfrac{1}{3} : P_B \cdot \dfrac{1}{48} = \delta_A \cdot \delta_B$

$P_A \times 16 : P_B \times 1 = 1 : 16$

例題 12.2.6 ············· p.141

◆ たわみδ①：たわみδ②＝（ 1 ）：（ 4 ）

$\dfrac{PL^3}{192} : \dfrac{P/2 \times (L/2)^3}{3}$

$\dfrac{1}{192} : \dfrac{1}{48}$

例題 12.3.1 ············· p.144

$K① \quad : \qquad K② \qquad : \quad K③$

$\dfrac{3EI}{L^3} \quad : \quad \dfrac{12EI}{(2L)^3} = \dfrac{12EI}{8L^3} \quad : \quad \dfrac{12EI}{L^3}$

$\left(\dfrac{24}{8}\right) \qquad\quad \left(\dfrac{12}{8}\right) \qquad\qquad \left(\dfrac{96}{8}\right)$

∴　$Q① : Q② : Q③ = 2 : 1 : 8$

例題 12.3.2 ············· p.145

$Q① : Q② : Q③$

$\|$

$0.2 : 0.5 : 0.5$

$\|$

$2 : 5 : 5$

例題 12.3.3 ············· p.146

$\delta_1 = \dfrac{3P}{K} = \dfrac{6P}{2K}$ 　　$\delta_2 = \dfrac{P}{2K}$

$\delta_1 : \delta_2 = (6) : (1)$

▶13章

例題 13.3.1 ············· p.152

① $K = \dfrac{2a^2}{2} = a^2$

② $K = \dfrac{8a^2}{4} = 2a^2$

③ $K = \dfrac{18a^2}{6} = 3a^2$

①：②：③＝1：2：3

例題 13.3.2 ············· p.152

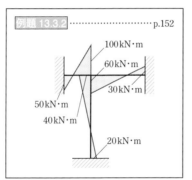

100kN·m
60kN·m
30kN·m
50kN·m
40kN·m
20kN·m

例題 13.4.1 ············· p.156

$V_C = \dfrac{5wL}{8}$

⑥ $\Sigma Y = 0$ から　　$V_A = V_B = \dfrac{3wL}{16}$

例題 13.3.3 ············· p.153

① E 点を固定にする。　　　② E 点の解放モーメントを分配　　　③ 伝達モーメント

　E 点の固定モーメント 　　$M_{ED} = 400 \times \dfrac{3}{10} = 12$ 　 $M_{EB} = 400 \times \dfrac{4}{10} = 160$ 　　$M_{DE} = \dfrac{120}{2} = 60$ 　 $M_{BE} = \dfrac{160}{2} = 80$

　$= 400 \text{kN·m}$ 　　　　　　　 $M_{EC} = 400 \times \dfrac{3}{10} = 12$ 　　　　　　　　　　　　　　　 $M_{CE} = \dfrac{120}{2} = 60$

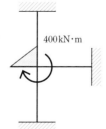

400kN·m

＋

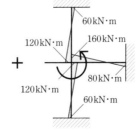

60kN·m
120kN·m
160kN·m
120kN·m
80kN·m
60kN·m

＝

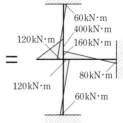

60kN·m
400kN·m
120kN·m
160kN·m
120kN·m
80kN·m
60kN·m

▶ 14章

例題 14.3.3 ····························· p.162

$C = T = 3L \times L \times \sigma_y$

$N = 2L \times 4L \times \sigma_y = 8L^2\sigma_y$

$M_P = 3L \times L \times \sigma_y \times 5L = 15L^3\sigma_y$

$M = 15L^3\sigma_y$

$N = 8L^2\sigma_y$

例題 14.3.4 ·········· p.162

X 軸からの距離 $Y = 3L$

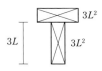

例題 14.6.2 ····························· p.166

⑤ 変位量 $\delta = P_U \times L\theta$

⑥ ④式に代入⇒P_Uを求める

$P_U \times L\theta = 2M_P\theta + M_P\theta + M_P2\theta + 2M_P2\theta$

$P_U \times L\theta = 9M_P\theta$

$P_U = \dfrac{9M_P}{L}$

例題 14.6.4 ·· p.169 ～ 170

① $P_U \times$ 変位量（δ）$= M_P \times$ 変形角（θ）

外力の仕事 $=$ 内力の仕事

$2P_U \times 2L\theta + P_U \times L\theta = 2M_P\theta + M_P\theta + 2M_P\theta +$
$\qquad\qquad\qquad\qquad\qquad\quad 2M_P\theta + M_P\theta + 2M_P\theta$

$5P_U \times L\theta = 10M_P\theta$

$P_U = \dfrac{2M_P}{L}$

② 梁のせん断力 $Q_1 = \dfrac{2M_P}{2L} = \dfrac{2M_P}{L}$

③ 柱のせん断力 Q_2(2層)$= \dfrac{2P_U}{2} = \dfrac{2M_P}{L}$

④ 柱のせん断力 Q_3(1層)$= \dfrac{3P_U}{2} = \dfrac{3M_P}{L}$

⑤ $V = \dfrac{2M_P}{L} + \dfrac{M_P}{L} = \dfrac{3M_P}{L}$

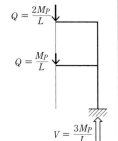

▶ 15章

例題 15.1.1 ······················· p.173

$T = h(0.02 + 0.01\alpha)$ に代入する。

$h = 16\,\mathrm{m}$

α：RC造$= 0$

$T = 16(0.02 + 0) = 0.32$

$T = 0.32$〔秒〕

例題 15.1.4 ··· p.175

◆ラーメンの水平剛性

① $K = \dfrac{6 \times 2EI}{(2h)^3} = \dfrac{12EI}{8h^3} = \dfrac{3EI}{2h^3}$

② $K = \dfrac{24EI}{h^3}$

◆ T の比較は、$\dfrac{M}{K}$ を比較する。

① $\dfrac{2M}{3EI/2h^3} = \dfrac{4M}{3EI/h^3} = \dfrac{32M}{24EI/h^3}$

② $\dfrac{M}{24EI/h^3}$

固有周期の比　①：② $= 32 : 1$

例題 15.1.2 ······················· p.173

$h = 9\,\mathrm{m}$

α：木造$= 1$

$T = 9(0.02 + 0.01) = 0.27$

$T = 0.27$〔秒〕

例題 15.2.2 ··· p.177

① それぞれの周期は

$T_1 = 2\pi\sqrt{\dfrac{3M}{2K}}$

$T_2 = 2\pi\sqrt{\dfrac{4M}{2K}}$

$T_3 = 2\pi\sqrt{\dfrac{3M}{K}}$

② 応答加速度

$T_1 < T_2 < T_3$

$T_1 = T_A$

$T_2 = T_B$

$T_3 = T_C$

③ 最大せん断力

$Q_1 = 3M \times 0.5 = 1.5$

$Q_2 = 4M \times 0.4 = 1.6$

$Q_3 = 3M \times 0.3 = 0.9$

$\therefore\ Q_1、Q_2、Q_3$ の大小関係は、$Q_2 > Q_1 > Q_3$

著者紹介

西村博之 (にしむら・ひろゆき)
修成建設専門学校建築学科講師。
1955 年大阪生まれ。大阪工業大学建築学科卒業。大阪市立都島工業高校・大阪市立
工芸高校・修成建設専門学校で教諭・講師として勤務。一級建築士。著書（共著）
に 西日本工高建築連盟編『CAD の進め方（新建築設計ノート）』（彰国社、1994）、
『工業 369 インテリア製図 文部科学省検定教科書』（実教出版、2014）。

辰井菜緒 (たつい・なお)
修成建設専門学校建築学科（夜）科長。
1987 年兵庫県生まれ。大阪市立大学大学院修了、修成建設専門学校卒業。実務経験
を経て 2016 年より修成建設専門学校常勤講師。2022 年より大手前大学建築 & 芸術
学部非常勤講師。一級建築士、インテリアプランナー、インテリアコーディネータ
ー、キッチンスペシャリスト、認定まちづくり適正建築士など。

基礎講座　建築構造力学

2022 年 9 月 15 日　第 1 版第 1 刷発行

著　者………西村博之・辰井菜緒

発行者………井口夏実

発行所………株式会社学芸出版社
　　　　　　　〒 600 − 8216
　　　　　　　京都市下京区木津屋橋通西洞院東入
　　　　　　　電話 075 − 343 − 0811
　　　　　　　http://www.gakugei-pub.jp/
　　　　　　　info@gakugei-pub.jp

編集担当……岩崎健一郎・真下享子

装　　丁………KOTO DESIGN Inc. 山本剛史

印　　刷………創栄図書印刷

製　　本………新生製本

基礎講座　建築環境工学

朴 賛弼・伏見 建 著
B5変判・200頁・本体2800円＋税

空気・熱・光・音のほか建築・都市環境について、身近な自然現象から建築計画への応用まで、環境工学の基本を学ぶ。カラー・2色刷の図・写真、コラムを多数掲載し、必要な数値や情報は表やグラフにまとめた、わかりやすく読みやすい入門教科書。建築士試験のキーワードを網羅、章末の練習問題で習得度もチェックできる。

基礎講座　建築設備

金政秀 編著　山本佳嗣・樋口佳樹・伊藤浩士・韋宇銘・中野淳太 著
B5変判・204頁・本体2800円＋税

建築設備の全体像を二色刷りのイラスト・図表360点以上を用いて解説。「なぜこうなる？」「どこがどうなっている？」の疑問に丁寧に応えた。実務者と研究者の共同執筆により、給排水衛生・空調・電気の基本3分野を現場に即しバランス良く押さえた。二級建築士試験キーワードを網羅、章末の練習問題で習得度もチェックできる。

直感で理解する！構造力学の基本

山浦晋弘 著／日本建築協会 企画
A5判・216頁・本体2400円＋税

楽しい手描きイラストとわかりやすい文章が好評の「直感」シリーズ第2弾。著者の建築実務家・教員としての豊富な経験をもとに、建築を学び実務に当たる上で知っておくべき構造力学の基本をやさしく解説。「構造力学」の先にある「構造設計」の魅力が見えてくる一冊。一級建築士試験にも役立つ「力学問題アラカルト」付き。

二級建築士試験　構造力学のツボ

植村典人 著
A5判・172頁・本体1800円＋税

学科Ⅲ(建築構造)において構造力学は合否の鍵を握る分野であり、避けて通ることはできない。一方、同じ型の問題が繰り返し出題されており、要点さえ理解すれば確実に得点できる。本書は単元別に出題頻度を分析し、覚えるべき要点を整理し、過去問の解法を徹底解説。ツボを押えた学習で全問正解を目指せ！